大展好書　好書大展
品嘗好書　冠群可期

大展好書　好書大展
品嘗好書　冠群可期

養生保健 58

太極鼓盪勁

莊金聰 著

大展出版社有限公司

自　序

　　凡是練太極拳的人都知道，鼓盪勁這名詞，張三豐遺著裡開頭就說，一舉動周身俱要輕靈，尤須貫穿氣宜鼓盪，神宜內斂……而鄭曼青宗師在《鄭子太極拳十三篇》中，回答弟子疑義第一節的首條，也談到氣宜鼓盪，神宜內斂。茲錄原文如下：

　　問：氣宜鼓盪，神宜內斂，意者所謂以心行氣，以氣運身，是否有內外相應，動靜合一之機，在乎其間，請示其詳。

　　答：所舉甚當，行氣運身為本，為內，鼓盪為末，為外，內斂宜靜，鼓盪為動，俱能相應而能合一，然鼓盪不獨自己之氣鼓盪已耳，要使以我之氣與天之氣，能相鼓盪，方為遠到。

　　這與清宮欽天監裡所說的呼吸取得天氣不謀而合，鄭曼青宗師一生浸淫太極拳數十載，而其心得以

簡單幾句就概括其全部精髓其言所下：吞天之氣，借地之力，壽人以柔。

本書所探討的就是鄭師所說的鼓盪勁，也就是不僅要練出自己之氣的鼓盪，還要能與天地之氣相應的鼓盪。這本書分成上下兩篇，上篇是武術篇，下篇是養生篇。

由於世界人口老化的問題日益嚴重，台灣亦步上後塵，而高齡化問題所造成的個人及對整個社會國家負擔影響甚鉅。

今天先從個人來說，凡滿65歲即算老人，而生、老、病、死是人生的過程，任何人無法避免，且必需坦然面對。

有著健康的身體，對老人是非常的重要，如何過有尊嚴的晚年，避免造成個人家庭及社會的負擔，亦是老人追求的目標。

人的健康狀況有很多因素，包括遺傳基因、飲食，以及個人生活習慣、養生方法等等，在此我想從養生方面來談。

中華民族是最重視養生的民族，從幾千年前的

《黃帝內經》就說明了養生的重要性，而中醫所說的『上工治未病』，也是一種極高超的醫學理論，預防重於治療，也是目前現代醫學所追求的目標。

藥補不如食補，食補不如氣補，1針2灸3用藥，針的原理是藉針的手法來作為氣的牽引，將身體阻塞的部份打通以達到治病的效果，跟練氣一樣，所以養生最好的方法就是練氣。

孟子曰：「氣宜直養而無害。」而道家是最重視養生的，練氣的方法五花八門，道家的煉精化氣，煉氣化神，煉神還虛，藉由氣的修練攝生善保元氣，練養精、氣、神，是袪病延年的唯一法寶。

老子說：「專氣至柔如嬰兒。」確實練氣，可以讓人脫胎換骨，返老還童，恢復如嬰兒般的體質，而練氣從太極拳入手，是最安全且快速的方法之一。

本書把要如何練出鼓盪勁的方法以及如何養生，藉由太極拳的修煉，配合針灸14經絡穴道的保健操作方法，鉅細靡遺的寫出來，就是要使讀者都能藉書中所說的方法，練出鼓盪勁，體會勁道的醍醐味，及其樂趣，因為練太極拳，而沒有練出勁來，對於愛好

太極拳的人來說，總是一件遺憾的事。

　　希望此書能讓更多的拳友受益，而能進入太極拳的殿堂，一窺其堂奧，同時從養生篇中獲得健康身體、延年益壽，無病到老，頤享天年，是所至盼。

目　錄

第一篇

武　術　篇

第一章

回首省思習武路

　　學太極拳迄今已超過30年，從最初的跆拳道、八卦掌，而轉入太極拳，說來汗顏慚愧，一直在思考，一直在修正調整，學太極拳，方法不對，觀念不正確，很容易誤入歧途，所以，找一位明師非常非常重要，很認真的學了20、30年而本身連一點勁道都沒有，這就是出在老師的問題上。

　　跟對了好老師，太極拳在七年內必會有小成，而不必像我花了20幾年的歲月，才恍然大悟，原來太極拳不是苦練就可以練成的，要時常去悟，去細心體會打拳架時要專心不要有雜念，它是有方法的。

　　因為太極拳不像一般的拳術，練法不同，強調用意不用力，它的困難處，就在於不使用拙力。

　　練太極拳半年我就熱衷於推手，到處找人推手切磋，試想半年能練出什麼基本功夫，所以都用蠻力、

拙力，把太極拳所說的用意不用力拋在腦後，而且把超過我體重數十公斤的人推倒，而沾沾自喜。

殊不知道這種練法離太極拳之路越走越遠，年輕體力好，在推手方面尚可應付，等年老體衰時，就驗證了前人所說的枉費工夫貽嘆息的窘境。

茲將練太極拳應注意的地方列表如下，供讀者參考檢驗：

1. 打拳架是否鬆、勻：

鬆的要求是無止盡的，打拳套鬆沉時，打完一套拳腳會很酸，這表示身體的拙力有往下沉至腳底湧泉穴。人身體、肩膀的拙力很難卸掉，因為一般用力，提重物，都會使用到肩膀的力量，這個大關節一定要鬆開，然後慢慢往下各個關節鬆開至腳踝。

拳架初起要慢勻，動作要慢，是因為剛學拳架，每一招式都不熟悉，所以要慢慢來，力求每式都要正確，交待清楚，不可含糊帶過，整套拳架緩慢的打下來，達到全身的筋骨、關節和肌肉都有動到，一動全身都動的狀況。等拳架練熟之後，再來調整合適的速

度。

至於勻就是均勻，拳架剛學時，先力求開展均勻。動作可以大一點，拉開我們的關節、肌肉、肌腱以及筋骨，也就是初起開展後求緊湊，而等拳架練熟之後，該開展的儘量開展，該緊湊的就要緊湊，呼吸與拳架，力求自然、均勻、舒暢，使我們的肺活量逐漸加強，氣充沛而沉丹田，全身氣血暢通無阻。

2. 推手是否鬆了：

檢驗推手是否鬆開，最簡單的方法就是打拳套，不出拙力鬆沉的打，應用在推手上跟打拳套一致，這就是對了。

但是，要做到這一點是很困難的，為了避免在推手時使用拙力，建議不要太早練推手，等拳架練到一定程度，整個身體都鬆透了，下沉至腳底湧泉時，再練掤、攦、按、擠（見前拙著《太極拳內功養生心法》第七章　論推手）定步及動步推手，等這些基本功練到有一相當程度，再來練推手，而且一個星期練一次推手就可以了，勤練拳架，也可以練出好功夫。

　　鬆的定義，正如我在《太極內功養生心法》裡所說的有形及無形的鬆，打拳架固然要鬆，但在推手中更要放鬆，鄭曼青宗師在談到鬆的層次，講了一句很有意思的話，「我又不是肉架子，為什麼要把肉掛在我身上」，會有這種情形發生，就是自己不鬆，才會把自己變成肉架子，讓對方有機會把肉掛在你身上。

　　一般的高手，他根本不必要推你，只要把自己的力量掛在別人的身上即可，比如說，他把40公斤的重量掛在你身上，剛接觸的剎那，你不會感到沉重的負擔，但是3分鐘、5分鐘、10分鐘過去，你就會感到吃不消，就像是提重物一樣，剛提是10公斤，但是過了10分鐘，可能變成30公斤，時間越久越重，而讓你氣喘如牛。當人受到外力時，一定會想辦法把它移走，甚至頂出去，因為這是人的天性，而在這移走與頂出去時，一定會使用拙力，人一使用拙力，就不鬆了，就變成了對方的肉架子，把肉掛在你身上。

　　遇到這種情形時，最好的方法就是放鬆自己，把對方的力量由身上引至湧泉接地，或者將身體撐為圓球體，走化對方的力量，讓對方的力量不能進到你的

身體，同時將力量轉到對方身上。唯有如此，對方才沒有機會把肉掛在你身上。這是我從推手中獲得的經驗，提出一點淺見供拳友參考。

3. 打拳架是否虛實分明：

所謂虛實分明最簡單的說，就是一腳實，另一腳要虛，不只是要注意腳的虛實，手的虛實也要注意，虛實不分，也就是沒有陰陽。

太極拳強調陰陽，這是太極拳很獨特的地方，也是它的精髓之一，有異於一般武術，因為太極拳重陰陽、離開陰陽非太極，這在拳經已經說得很清楚，陰陽在太極拳作用大矣！

尤其用於推手方面更是重要，陰陽運用靈活，推手將是無往不利，一切都在掌控之中。

舉例說，當對方推你右肩時，此時右肩變為虛，為陰，化掉對方的力道，並將身體撐為一圓球或圓柱體，即可化掉並由另一端攻擊對方，這就是太極拳的所謂化打，這是肢體的有形走化。

而更深更高級的走化，就是在我們身體內的陰維

點與陽維點（見太極拳內功養生心法第十篇），陰維點在身體心窩處膻中穴裡面，對方攻來時，把意放在陰維點化掉對方的力道，而如果要攻擊對方，將意放在陽維點滾動太極球體即可。（見《太極內功養生心法》第十章論虛實與陰陽）

4. 膝蓋是否超過腳尖：

打拳架膝蓋不要超過腳尖，超過腳尖，身體會有前傾的形象，一前傾身體就不中正，在推手中，會被對方或探或攦，使自己背勢，而最重要的是膝蓋負擔身體的重量，造成膝蓋受傷。

有一些拳友膝蓋不好，除了拳架打得過低之外，就是膝蓋超過腳尖，而自己不知道，造成膝蓋永久的傷害，不可不慎。

第二章

五要四不銘記心

太極拳的五要四不都是一些老生常談，但是又不得不談，因為它很重要，看似簡單，但做起來不容易，五要就是腰胯要鬆，尾閭要收，沾黏要適中，雙肩要鬆，脊髓要通，茲敘如下：

(1)腰胯要鬆：

練太極拳，身體一定要鬆，尤其是腰胯，這全身最大的關節，一定要撐開鬆開，因為腰胯鬆，打拳時氣才會很下沉，而沉入丹田而後慢慢的落入湧泉，這是太極拳長勁的來源，拳經有云：「勁發於腿，主宰於腰，行於手指……。」發於腿，是指腳底的湧泉穴，節節貫穿來，過腰胯，而由手掌的勞宮穴，由中衝穴而出。

所以，腰胯鬆對於要練好太極拳的人來說，是相當重要，至於要鬆到什麼程度，筆者建議坐船時，請

至駕駛艙觀看羅盤，體會一下鬆的情景。

(2)尾閭要收：

這一點很多拳友忽視它，不只是學生如此，有些教拳的老師也未注意到收尾閭這點，殊不知收尾閭在打拳架是非常的重要的，拳經有云：「尾閭中正神貫頂」，尾閭中正指的是收尾骶，而神貫頂指的是氣衝百會。

收尾閭從醫學的觀點來看是腰桿挺直，是有利健康的，因為脊髓與地垂直，而藉武術來說，可以藉收尾閭這一動作將湧泉的氣拉至會陰，通過長強穴也就是尾閭的第一關，而尾閭中正神貫頂的脊髓外觀，是脊椎和頸椎豎直，而以脊髓為中心來轉動身體作為身體重心的支撐點，使其拳架穩定，而形成一頂頭懸的動作，其意即頭髮被往上拉的感覺。

(3)沾黏要適中：

沾黏是太極拳很奇特的一項技能，也是它的優點之一，不同於一般武術所追求的拙勁，沾黏用於武術上，其用大矣！

第一：它可以保護自己，當與人交手，沒有沾黏

就出手，是很不智也是蠻危險的，因為你不知道對方功夫的深淺，當遇到高手時，你一出手，會被對方借力使力倒打自己，而且先出手，先露出自己的破綻，所有的破綻被對方一覽無遺，就像兩軍交鋒，對方可以很輕鬆的長驅直入，攻城略地，而致潰不成軍，所以要先沾黏，摸清對方底細，才來決定何時出手。

第二：沾黏最大的目的，是可以藉著沾黏瞭解對方的實力，常言道一搭手，便知有沒有，又云外行的看熱鬧，內行的看門道，門道之中就包含了沾黏，沾黏功夫練的好，在推手中就已取得優勢。

不必發勁，靠著沾黏，就可以很輕鬆的制服對方，而沾黏功夫是要靠平常練習累積而來，不是一蹴可幾，沾黏時，手不要用拙力，太重會被對方察覺，而借力使力，或者引入落空，而太輕，沒有沾黏，不痛不癢，沒有給對方一種壓力，也是無濟於事，要練到一搭手，即能控制對方的重心，讓對方攻也不是，守也不是，無所適從……。

(4)雙肩要鬆：

肩膀是太極拳攻擊最厲害的關節，太極13式裡的

靠就是由肩膀而出，這靠勁凌厲無比，但要肩膀鬆開，讓勁能上來，一般練武者，很多不會使用靠勁，就是因為肩膀太僵硬，沒有鬆開，湧泉的勁無法上來，肩膀鬆開之後，氣就會隨著沉肩這一動作，而往下至丹田，使丹田之氣充沛，氣騰然躍躍欲出，遇到對手來擊時，藉著靠這一式而發出致命一擊。

而沉肩相反的是抬肩，在推手時，只要一抬肩，整個氣就會往上浮，馬上就被拔根離地而起，而抬肩的人一定是身體狀況不佳，才會有喘息抬肩這種重症病人，所以，打拳架一定要沉肩墜肘才有助於養生以及功夫的精進。

(5)脊髓要通：

所謂脊髓要通，就是要通三關，這三關都是在督脈，也就是脊髓的尾骶骨長強穴的尖端，夾脊位於懸樞，與脊中的中間第12椎處，再往上頭後枕骨處的玉枕穴。脊髓骨是身體的主幹，佈滿了神經，因為氣專走神經，而脊髓是人體的神經總樞紐，所以才會有通督脈三關之說，它是有科學與醫學根據的。

脊髓連接肋骨，它承載包覆了身體的五臟六腑，

這充滿了神經的脊髓，只要有一點病變阻塞，就會讓人痛不欲生，脊髓暢通，讓氣進入脊柱防止骨質流失，使脊椎骨強壯，腰桿挺直，身體才不會出現腰酸背痛或衍生骨刺，以及老來彎腰駝背等等症狀，通了三關後，就可以使原有的脊椎病獲得改善，甚至痊癒，並且提升功夫的層次，使功力大增。

　　四不就是不要拙力，不要雙重，不要丟，不要頂。試解析如下：

(1)不要拙力：

　　太極拳的力量，是整體的，它的勁道是由腳底——湧泉穴上來節節貫穿至全身，而不是練手臂的力量，那是一種局部的力量，在練拳的過程中，我會示範給學員看，以第一式起式為例，當對方用手壓住你的雙手時，只要意念放在手上輕輕的將手抬起，自然就可以將對方拔根，但如果你用到手臂的力量，或者肩膀的力量，你會發覺，手抬不起來，因為那是局部的力量，那都是拙力，不練這種力道。

　　因為越練拙力，離太極拳越遠，所以要練成太極拳之前，先要放棄以前使力的習慣，不要拙力。

(2)不要雙重：

所謂雙重，最簡單的意思就是兩腳平均負擔身體的重量，雙重就沒有虛實，沒有虛實，也就沒有陰陽，沒有陰陽就受制於人，明王宗岳太極拳論：「……偏沉則隨，雙重則滯，每見數年純功，不能運化者，率自為人制，雙重之病，未悟耳，欲避此病須知陰陽相濟……。」

(3)不要丟：

在與人推手時，不能丟，所謂的丟就是沒有沾黏，在練習互參時，如果丟的話，你會發覺對方有空隙，一有空隙，就可以直驅直入。而在沾黏推手中，如果你丟了之後再攻擊，一定會被對方捷足先登，那只有挨打的份。

(4)不要頂：

不要頂，相信每一個練太極拳的人都知道，但是要做到卻很困難，因為那是人的本性，一種基本的防衛措施，所以說太極拳很難，其理在此，對方力量一來，只要順著對方就可以了。

第三章

鬆腰落胯臀貼地

　　打拳一定要鬆，腰為主軸，所以腰胯一定要鬆，因為腰胯鬆，氣才會下沉，拙力才會卸掉，氣下沉到湧泉腳底時，才會長勁，也就是說，勁才會出來，這就是太極拳的勁的由來。

　　練鬆腰的方法，在拙著《太極拳的內功養生心法》有一鬆腰的方法即半蹲鬆腰，讀者可參閱拙著。

　　在此簡單提示一下，即左右轉圈慢慢的往下蹲，然後慢慢的往上站直，重複上下動作，每天打完拳之後就可以做這鬆腰運動（見圖1、2）。

　　接下來要談的，鬆腰落胯臀貼地，剛做時，因腰胯有的還未鬆開，所以做起來困難度較高，慢慢來，其方法是兩腳分開；左右轉圈，慢慢的往下蹲，然後兩腳尖向外打開，慢慢的將膝蓋併在一起貼地（膝蓋處要放一塑膠軟墊，以防膝蓋疼痛），也可以在草地

上做，以免膝蓋受傷，而後整個臀部貼地，此時兩大腿是併攏在一起的（見圖3、4、5）。

　　剛剛練習時，無法完成就不要太勉強，慢慢的做，循序漸進，做多少下算多少下，每天做幾下都可以，要有恒心，一分耕耘，一分收穫。不但對於鬆腰落胯幫助甚大。亦可練出強壯的大腿肌小腿肌，以及韌性。

圖1　練鬆腰

圖2　練鬆腰

圖3　鬆腰落胯臀貼地

圖4　鬆腰落胯臀貼地（正面）

圖5　鬆腰落胯臀貼地（側面）

第四章

左右轉動撐尾閭

　　要打通督脈，第一關就是要撐尾骶，把尾骶骨撐骨，讓會陰的氣往尾骶骨上衝，尾骶骨上接胯骨，呈一倒三角形，上大下小。通三關，以這一關最難，因為尾骶骨長強穴是極為狹窄的一點，所以胯骨到達尾骶的氣到此點要縮到剩下尾骶骨這一小尖端，氣到此點，要收斂成一點，所以才會有氣斂入骨一詞。

　　脊髓要通，除了在拙著提示要多打倒攆猴，及穿掌二式之外，現介紹下式亦可幫助撐開尾骶，以早日通三關。其方法如下：（見照片6～11）

　　兩腳平行與肩同寬，身體慢慢向左轉動，眼睛看右後腳跟，然後慢慢轉回來往右轉動，眼睛看左後腳跟，每天打完拳之後，可以多練習幾次（對於撐開尾骶通三關幫助很大）。

　　當尾骶撐開時，打拳架只要收尾閭，氣會從腳底

湧泉穴往上到達會陰（這要練成鬆腰落胯全身鬆透，
氣沉到湧泉穴才能做到），而當氣到會陰時，藉收尾
閭這一小動作，就會有一股氣從會陰連尾閭經夾脊上
玉枕到百會，而下齦交至前面任脈相交，行河車倒運
一小周天。

　　同時，氣會從身體的脊髓往外擴散，而這方向是
上、下、左、右擴散開來，全身瀰漫著一股氣，通體
舒暢，非常舒服。（就像清宮欽天監所說的周身電網
一了然，見拙著《太極拳內功養身心法》。

圖6　　　　　　　　　　圖7

圖8

圖9

圖10

圖11

第五章

鬆身中定如羅盤

太極拳講求鬆柔中定，太極拳的勁道是鬆開了身體的各個關節及筋絡，由腳底板湧泉穴節節貫穿上來，鬆是無止境的，鬆的層次及要求，可分兩個層面，有形的及無形的（見前拙作：《太極拳內功養生心法》不鬆，就是挨打。

我認為在推手中，走化比發勁來得好，讓對手，推不到你，力量進不到你身體，才是高竿，才是推手中的高手，而要讓對方推不到你，其先決條件就是身體要夠鬆，讓對方的力量使不上，身上沒有著力點，輕輕鬆鬆的不費吹力就將對方推倒。

太極拳裡的引進落空合即出，也是先把對方的力道引開，再來發勁，我常想日本的相撲比賽，如果能引用太極拳的走化，那一定會更棒。

試想如果面對噸位這麼重的選手，硬碰硬時，那

體重輕的一定不堪設想，會被對方壓扁，這時就要用
走化來化解制服對方。蒙古的那位朝青龍就是擅長用
走化的方法，以小博大來制服比他噸位更重的相撲選
手，難怪每次比賽都獲勝。

　　再來談到中定，中定按照字的解釋中正穩定。身
體中正在推手時，就不會前傾後仰，不前傾就沒有機
會被對方或採或攦，不後仰，就不會被對方用按的招
式推倒，而傷了脊髓。

　　前傾與後仰在推手中都是非常不利自己與危險的
動作，這種壞習慣一定要改過來，否則會造成自己身
體受傷。我曾經看見一位選手，因為好攻身體過度前
傾，被對方用攦的招式，整個身體向前滑行，雖然兩
手撐在地上，但還是下巴觸地，導致牙齒斷裂，滿口
鮮血。至於後仰，如果遇到對方是武德不好，欲致人
於死地，更是危險，不但傷了脊髓，很難痊癒，更嚴
重的是後腦撞擊，有腦震盪及頸椎受傷的立即危險，
切記切記。

　　談到鬆身中定，如羅盤，我想坐過船的應該都看
過船上駕駛艙的羅盤，如果未看過的讀者，下次有機

會一定要看個究竟。

　　行駛中的羅盤，去體會一下，羅盤的兩端繫著兩根細線水平的安置在駕駛盤的下方，因為很鬆的繫在兩端，所以船在航行中，遇到大風大浪，羅盤永遠保持水平，究其原因就是因為兩端很鬆，這就是跟先前太極拳練的鬆腰，落胯臀貼地極相似。而羅盤永遠呈現水平，跟中定相似，任憑對方推，永遠保持身體的中正，不前傾後仰。

　　中定的另一層次是我們看不到的體內氣機的「牽引」。拳經所說的，「尾閭中正神貫頂」，就是打拳架身體中正收尾閭，此時氣會從會陰往上，藉收尾閭這一小動作而將氣由尾閭往上經夾脊、玉枕，而到泥丸宮即百會穴，通了三關，這對於身體及勁道的增長幫助很大。

　　做到了鬆身中定如羅盤，在推手中將無往不利，遇到又高又重的對手，亦能迎刃而解，無所懼怕。

第六章

氣宜直養而無害

　　孟子曰：「吾善養吾浩然之氣，充塞於天地之間至大至剛……」又云「氣宜直養而無害……。」

　　筆者練太極拳的氣，是靠打拳架，以及配合轉圈，及互參（見拙著《太極拳的內功養生心法》）慢慢練，而培養出來，使身體的丹田充滿了氣而瀰漫至整個身體，而這氣活絡身體的細胞，加速細胞新陳代謝，並且提高免疫力，使身體愈來愈健康愈年輕。

　　撇開武術功夫不談，健康的身體，是人人所期盼的，如何透過各種運動來改善身體狀況，而達到健康的目的，就非常的重要。

　　當太極拳練到某種程度，能氣貫全身時，養氣的功夫就非常重要，中國武術的精髓皆在於氣的駕御，所謂意到、氣到、勁到，皆指氣的運用熟練度、精確度，以及飽和度，而以飽和度最主要，就是氣的能量

要夠。

　　大自然充滿了氣，取之不盡、用之不竭，而太極拳是一種用意不用力的運動，是在蓄氣、養氣，而不是散氣、耗氣，一般的運動都是在消耗體力，傷氣，所以太極拳是一種很好的養生運動。

　　西方人的運動，如橄欖球、足球……馬拉松等等都是極為傷氣消耗體力的運動，一場比賽下來，氣喘如牛，因為那種運動對心臟是一種沉重的負擔，是在殘害身體，縮短自己的生命。

　　這可以從一些激烈運動，田徑以及長途馬拉松的選手向來都是短命的較多為佐證，因為那種運動不是在養氣而是在傷氣。

　　當氣練到能擴散全身時，就能感知周遭的氣，氣就是一種能量，類似氣場，武功高強之人所發出來的能量，必定比一般人來得大，因為其人必定是通了任督二脈小周天，甚而練出氣遍全身的大周天。

　　古人練功修練者都在深山，因其深山充滿陰離子、芬多精，充滿著空氣維他命，先不論氣場強弱，單憑這新鮮空氣，就能提升自身的免疫力。

首先受益者就是肺臟，而依中醫相生原理，金生水，肺臟健康，腎臟也會健康，腎氣是人的先天之氣，腎主骨，腎臟健康，就表示人的健康沒有問題。

太極拳很注重養氣的功夫，太極拳不僅是在練外在的肢體、運動，更是在練我們看不見的氣、能量，這是太極拳偉大深奧的地方，一般的運動很少能練到骨髓裡面，惟獨太極能氣斂入骨，達到健身養生的目的。

我常比喻練氣、養氣，就像在銀行開個帳戶一樣，每天把錢存入，愈存愈多，要用的時候，再去提領，真是百利而無害，而選擇傷氣，耗力的運動方式，就等於是從銀行一直提款出來，直至帳戶存款歸零。

氣宜直養而無害，印證了古人練功的一句話：「練拳不練功，到老一場空，練功不養氣，恐難成大器。」

練功就是要練出功力勁道出來，而功力的強弱是要靠氣的功夫，來輔助、提升自己的免疫系統，強壯體魄以及增強自身的能量場，使我們的潛意識力量顯現出來，而達到武功階及神明的境界。

氣的感知穿透及擴散力

當入門了太極拳，也就是通了三關小周天，繼而大周天，養氣功夫到家，氣貫全身時，身體皮膚會感覺像海裡的水母一樣，一吸一放，這時走過氣場強的地方就可以感知到周圍的氣，此時就會選擇氣場強的地方練功，以提升自己身體的免疫力，改善身體健康，使自己的身心保持在最佳狀況。

而氣本身是一種能量場，它可以穿透以及擴散，像聲波一樣擴散至體外，如果功夫練至階及神明，就如敲鐘一樣，鐘聲可以傳到很遠的地方，並且穿透木板，玻璃等物質。

現代科技發達，用特殊的攝影機已經可以證明人體向外四射的氣場，我就稱呼這氣場為氣波，這氣的穿透以及擴散力的強弱取決於本身的氣場，功夫高的其穿透力，擴散力就強。

所以，武俠小說裡所寫的隔山打牛以及凌空勁，都是真實合乎科學的，而不是虛構的，只是我們還未練到這種程度。

再談氣的穿透力，在推手中，當您與對方接觸時，就可以用意將氣穿透至對方，身體的後面，將對方團團包圍，控制對方，這時就能知己知彼，百戰百勝，對方的一舉一動，瞭若指掌。

而當帶著攻擊對方的氣進入對方身體時，就會造成對方身體的傷害，因為氣專走神經系統，身體有神經的地方，就會被破壞，只要有意要攻擊對方，對方必定受傷無疑，其受傷程度的大小取決於攻擊者功夫的高低，若能練到氣能穿透對方，功夫應該不會很差才對，此時武德就很重要，除非用於自衛，在平常的推手練習中，點到即可，不必拚到你死我活，造成傷害。

再來談擴散力，此點更是奇妙無比，聲波、電波，證明可以傳送很遠，當然氣波也能做到，這有待以後科技的證明。

清宮欽天監裡就有談到，守玄能參天外天……。玄指人的玄關處，在人兩眉之間印堂微上的地方，此關竅最靈敏，也就是俗稱的第三眼。擴散力簡言之，就是膨脹力，它能氣貫全身通十二經絡，擴散力對養

生及武術幫助最大。

先從養生來說，當氣從丹田膻中穴膨脹開來時，全身通體舒暢，非常舒服，整天精神飽滿，中醫有所謂的通則不痛，痛則不通，當全身暢通無阻時，就不會有酸痛的問題，什麼50肩、60肩、70肩都不存在，而身體就像水溝一樣，水溝暢通，就不會有穢物屯積，久而久之形成的腫塊等等……。

再來談武術，太極13式的第一式掤，掤者膨脹也，練出掤，就已經入門了太極拳的高階功夫，這個掤勁，不是出拙力的掤，而是滾動太極球體從兩乳之間的膻中穴向外膨脹擴散開來至四肢，觀看鄭曼青宗師的影帶中，一招手提掤式就可以讓3、4個老外推不動，其理在此。

張三豐祖師所創的太極拳13式中的第一招，就已經昭告後人，只要練出掤勁，在武術應用方面，就已經足夠，綽綽有有餘了。

太極宗師鄭曼青所言：吞天之氣，借地之力，壽人以柔，也就是與天爭氣，與地爭力，與人爭柔，而其勁的來源就是要練出氣的擴取力。

氣從我們身體丹田穴及膻中穴擴散出去，它會鼓盪周遭的氣場，也就是大自然的氣與我們身體的內氣相呼應形成太極球體……擴散對養生幫助甚大，它不僅能通任督兩脈，也能打通全身的12經脈。

道家著重於精、氣、神的統一，道家的練精化氣，練氣化神，練神返虛，是藉著氣的修練以提升身心靈的和諧，達到長生不老養生為其宗旨。

當我們集中精神，專心打一套拳，其效益對於養生武術，幫助甚大，同樣的把氣集中用在武術推手上，也是功力驚人，就像是凸透鏡，經過太陽光集中一點，可以將紙引燃一樣。

在鄉下常聽老一輩的人談其貓發威時，可以把屋頂上的老鼠嚇得掉下來一樣，高手兩目相視，不必交手，就已分出勝負，這都是精、氣、神的極致表現。

練拳容易，練氣難

中國拳術種類繁多，單以太極拳來說，就有陳氏、楊家、吳家、孫氏、鄭子……等，如果再加上形意、八卦、縱鶴、螳螂、少林、詠春、八極拳（大八

極、小八極）等，可說是五花八門，任何一種拳術都可以練一輩子。

　　練出一身好功夫容易，但要練出氣貫全身則很難，所以功夫會隨著年歲漸長而消退，就是習武者所說的，「練拳不練功，到老一場空」，而這裡所說的「功」，就是意、氣、勁，也就是意到、氣到、勁到的境界。

　　練武本身就是一項很辛苦、很耗體力的運動，所以營養要夠，睡眠要足，加上練武時難免對打比武的情況。以太極拳的推手來說，有時也會受傷，如果調養不當加上沒有練到氣，老來就會病痛纏身。

　　因為氣是一種正能量，氣會進入骨髓，防止骨質密度的流失，會活絡全身細胞，使我們年輕化，達到脫胎換骨的效果，且能提高免疫力，預防疾病的發生，達到終生無病到老的健康人生。

　　而所說的練氣，並不是一般俗稱所說的氣功，那是一種比較狹隘的說法，太極拳本身就包含氣功，而氣功並不包含太極拳，也就是要練到意到、氣到、勁到的境界，以我的體驗就是要先通三關，尾閭、夾

脊、玉枕，三個關竅（穴道）。

　　這三個穴道都是在脊髓上，也就是中醫針灸所說
的督脈，通了三關督脈後，再通前面的任脈，此時就
入門了太極。

　　外面一般教氣功的為了要氣沉丹田，常教人用意
念去守丹田，很容易著火入魔，身體未蒙其利，先受
其害，所以氣功不能亂練。

　　在公園裡常看到一些練起功來身體就會莫名其妙
的擺動揮舞，甚至打起從來沒有學過的拳架，讓人看
了心驚膽顫。而太極拳是藉由拳架的練習，來牽動身
體氣的流動，打通任督兩脈，小周天，繼而大周天，
氣貫全身，通體舒暢，脫胎換骨，提升身體免疫力，
達到祛病延年，益壽之功效。但因易學難精，方法不
對，觀念偏差，很多人練了幾十年，身體連一點勁道
也沒有，身體也未見改善，實在可惜。

　　其實氣功都是一種在練鬆、靜，以及吐納的功
夫，這些東西在太極拳裡都有，太極講求鬆，不出拙
力，呼吸均勻細長，以及沒有雜念的入靜功夫，一般
的鬆，除了肢體的鬆之外，最重要的是入靜無雜念的

鬆，它能改善人的病痛。

　　醫學證明，人的疾病很多是緊張壓力所造成，所以入靜能放鬆調整人體內部的免疫系功能，增強人體抵抗疾病的能力。

　　至於呼吸初練時，不要去管它，順呼吸或逆呼吸，不要強求呼吸的深、長、細、勻，以及什麼腹式呼吸等，道法自然，採自然呼吸，就像是日常生活中根本不注意呼吸一樣，幾乎忘了它的存在，這才是真正的自然呼吸。

　　再來就是意，太極拳用意不用力，也就是不練力，而是在練氣，這才能開發人體潛能，達到意到、氣到、境到的境界。

第七章

意在精神不在氣

這是出自太極拳十三勢行功心解的詞句，其原文如下：全身意在精神，不在氣，在氣則滯，有氣則無力，無氣則純剛外示安逸……。

每次讀到這段，就會迷惑不已，太極拳不是在練氣嗎？為什麼在氣則滯，有氣則無力呢？如果沒有親身體驗，實在無法了解其道理所在。

太極拳氣沉丹田之體會，聚集而後自動轉化輸送到我們全身的細胞，活絡我們的細胞，當初不曉得此道理，以致腹部聚集太多氣而沾沾自喜，沒有昇化分送到全身細胞，導致腹部脹氣受不了，非常不舒服，這時你就會覺得全身僵滯，全身無力，一動也不想動。太極拳是要練到全身沒有氣的感覺最好，因為那氣都已經供應給全身的細胞所需的能量了，拳經點出了練太極拳的正確途徑。

　　一般練太極拳，要練到感覺身體有氣在周身流動，如果方法不對，也是很困難的。以我為例，練了20多年也沒有感覺身體氣的流動，只是在打完太極拳時，手掌脹脹、溫溫的而已，至於身體，兩足湧泉穴根本沒有感覺，我是練了這套轉圈內功心法以及互參之後。（見《太極拳內功養生心法》），第二天就氣衝百會，如今已過了九年多。

　　剛練的時候，因為氣感甚強，讓我震撼不已，因為那是以前從來沒有的現象，感覺全身的氣在流動，非常的舒服，精神也特別的好，連帶的讓我在從事繪畫戶外寫生時，一站3、4小時，也不會覺得累，而且一天睡眠5、6小時，也是精神飽滿，顯得生機勃勃，充滿活力與幹勁，而顯示於外的總是從容不迫，氣定神閒，外示安逸。

　　在練的過程中，雖然身體有瞑眩反應，如尿量增多，很會放屁，身體會排出體臭，搔癢引起宿疾發生等症狀，但這些都是自然的生理反應，只要有正確的認知就不必擔心，身體功夫都比以前進步，這是練對了氣，讓身體改善、受益，正因為如此，所以會有一

些人為了要使身體充滿了氣,就會很強烈的用意去導引它,執著在氣的獲取,而去痴心妄想,走火入魔,以致功夫、身體,沒有練成,反而殘害了身體,未蒙其利,先受其害,切記、切記。

氣沉丹田之後,會分佈供給全身細胞所需及涵養五臟六腑,身體不能存太多的氣,尤其在腹部。

筆者起初不知,在腹部充滿大量的氣而沾沾自喜,而導致胃脹受不了,就好像飲食之後,存於胃內的食物沒有消化一樣,正因為氣在身體腹部停滯而難受所以才能夠讓我走正確的太極拳道路,所以有氣也好,無氣也罷,要練到全身都有氣應敵時,又源源不絕,意到、勁到,而顯示於外表的總是從容不迫、氣定神閒而安逸。

氣在身體流動是順其自然的,練對了太極拳,身體鬆了之後,氣自然能沉丹田,入會陰而下湧泉,一切都是水到渠成,而不是強求獲得的。

意守丹田與腹式呼吸的迷思

丹田又名關元,在中醫針灸上屬任脈,在臍下三

寸，在武術與養生上是一個很重要的穴道，古今武術家所追求的東西，因為丹田是充滿氣的一個總樞紐，很多練氣的朋友為了想要在丹田上獲取更多的氣，想盡辦法，其中以意守丹田為最，認為在打拳架時，只要意守丹田就能氣沉入丹田，於是打拳架時，滿腦子就是把意灌注注視在丹田上，這有害無益，氣沉丹田是打對了拳架，鬆透了全身，自然會氣沉丹田，不是意守而來的……，前已說明，在此不再詳述。

再來就是腹式呼吸，人都是靠肺部來呼吸的，其呼吸道由口、鼻開始，經鼻腔、鼻咽腔，咽、喉、氣管、支氣管而達微氣管枝，為空氣進入肺臟之孔道，自口、鼻至咽部通常又稱上呼吸道，喉部以下稱下呼吸道……。呼吸的動作，氣體由外界進入肺臟稱為吸氣，氣體由肺臟排入大氣稱為呼氣，二者交互進行，就是通常所謂的呼吸，並吸入氧氣排出二氧化碳進行氣體交換。

而腹部呼吸是因為橫膈的膈肌收縮，橫膈是一種圓頂形的組織由橫紋肌和肌腱所組成，橫膈的圓頂形向下向前方降，胸腔上下徑顯著增大，前後徑也略

微增加，同時，腹腔裡的內臟也向下、向前移動，腹壁因而突出，這種小腹微突的現象，被認為是腹式呼吸……。令人費解，但這種小腹突出又存在於所謂的氣功老師所教的呼吸方法（以致以訛傳訛，積非成是）這又如何解釋。

在此我只能說一般人呼吸較淺，只呼吸在胸中數寸而已，而練過太極拳的人，它能深入下焦到小腹，因為練太極之人呼吸比沒有練過的來得細長、均勻、順暢，又因為強調全身鬆透，以致氣能達下焦而沉入丹田，下會陰，使小腹有微突的現象，而被誤認為用小腹在呼吸，以致以訛傳訛，積非成是。

道法自然，不要去追求那種違反自然法則的練功方法，那是有害無益的。

彼不動己不動，彼微動己先動

太極十三勢行功心解有言，彼不動己不動，彼微動，己先動，這是在描述與人交手對峙時的動況。彼不動，己不動，這點大部份拳友都能做到，因為對方不動，自己就沒有動的必要，才不會陷入妄動的窘

境。困難的是彼微動，己先動，所謂的微動就是彼輕微的動作，有時從外表很難看出來，是憑藉著什麼，而能做到彼微動，己先動，這就是氣的關係。

　　氣的能量略似電場，經過高壓一樣，所以高壓電的地方一定要裝置安全措施，以防太靠近而被吸進遭到電擊，而氣場強的武術高手，對氣的感知能力，比一般人來的靈敏，它能感知周圍氣的流動，所以當對方要舉手攻擊時，輕微的舉動，都會引起周圍氣的流動，甚至能感知對方橫膈膜的上下動作，這是太極拳奧妙之處，真是妙不可言。

　　張三豐祖師及王宗岳先賢，所流傳下來的拳經，都是親身體驗而悟出的太極拳理，又恐所傳非人，所以有時沒有點出它的竅門，如果沒有親身練到，體會到而照字解釋，就會差之毫釐，謬以千里，所以才會有練拳三年，不如真傳一言，這是我的一點淺見，提供給拳友作為參考。

第八章

專氣至柔如嬰兒

太極拳的專氣至柔，是一種很純淨的氣，這很純的氣，我們稱之為真氣。世上的任何事物，都要講求其純度，純度愈純愈佳，所以百分之百純度的產品較為昂貴，是因為極少。而技術很精的人，我們都稱之為專家，表示肯定他技術的專精。

這氣在丹田昇化之後，進入神厥穴（肚臍），氣氣歸臍，然後昇華，輸送至全身的細胞，猶如食物在胃裡消化後（成為營養）經小腸輸送供給人整天的營養所需。

太極拳的專氣，是一種真氣，真氣照字的解釋，就是真氣，這名字取得真好，無雜質，純度極高的氣，在我們體內，會改變我們的體質，猶如脫胎換骨，會延緩身體的衰老進而恢復到猶如嬰兒般的體質，柔軟、舒暢，整天工作不覺累，而累了睡一覺醒

來，即刻精神百倍。

這是真氣在體內使我們身體質變的一種現象，而在武術這一層次來說，真氣進入身體骨髓時，可防止骨質密度的流失，增強骨髓密度的飽滿，而勁的產生，骨髓密度愈高，所產生的勁道愈強，所以純度愈高的氣，所產生的勁愈強。

世上的人，往往喜歡把單純的事變得複雜化，以顯示自己的見識廣博、與眾不同，這一點太極拳尤甚，明明是太極拳，卻教一些跟太極拳不同的拳術，如形意拳、八卦掌、少林、鶴拳等等，然後稱呼為形意太極、八卦太極、又練形意，又練太極，以為這樣1＋1＝2功夫會加強。

其實不然，古人練武很專精，窮其一生只練太極拳，所以能成大器，人稱「楊無敵」的楊氏太極拳奠基者楊露禪宗師（1799年～1872年，名福魁，清代河北廣平府永年縣人），雖然早年十幾歲的時候練過一些拳術，如少林拳，但自入門了太極陳清平宗師之後，就專心只練太極拳，而成為一代太極宗師，階及神明的功夫，威震武林，令人讚嘆，佩服及學習效

法。

　　所以，學武以及任何技術要精要純不要太雜，太
極拳要求度更高，要專精，純度愈純愈好，因為太極
拳在武術這一環節是相當難的一種武術，他不出力，
與我們一般生活方式的使用拙力不同，反其道而行，
所以才會這樣難練，所以才要專精。

　　專氣至柔如嬰兒，由此衍生至太極拳的驚人武
技，一一的告訴世人，精純度的氣，能使我們身體好
像恢復嬰兒般的柔軟，舒暢，這是前人練武的親身體
驗，而指示後人一條正確的練武之路，遵循著前賢所
走過的道路，而不至於走偏，而練不成太極，這是從
專氣至柔如嬰兒所獲得的重要啟示。

第九章

意在肩井落湧泉

當我們在轉圈練習時，在身體陽維點（在任脈華蓋穴與璇璣穴的中間處）的兩旁有一肩井穴（肩井穴：取穴方法，正坐，以右手食、中、無名指併攏，按住右肩，食指靠近頸部，中指下所按之處，壓之會酸，正當兩筋間。肩井穴古來武術家視為重要的點穴之一，近代的技擊家，大力士力道山及馬場擅用此穴擊之令人身體麻痺，手不舉，重擊則令人昏迷）左肩與右肩各一，這個穴道充滿了氣之後，會產生變化，就像宇宙一樣，這宇宙黑洞是非常大，在這黑洞的附近都會被這巨大的黑洞漩渦吸進去，而人體的肩井穴下也會有漩渦黑洞出現。

筆者在2010年的一個仲夏夜晚，在高雄陽明國中操場上練功時（轉圈），突然間，在肩井內下方竟然出現兩個漩渦黑洞，此漩渦由肩井往下成一管狀，一

直到腳底，只感覺到黑洞周圍的肌肉被吸進去，非常
舒服，非常奇妙，我因為好奇，就用手去觸摸它，結
果這漩渦黑洞就消失，連續兩天都如此，這就是我在
前著《太極內功養生心法》所說的定軸勁。

　　練成了定軸勁，對方就很難推得動，因為從肩井
至腳底已連成一軸，腳底板就像吸盤跟地黏在一起
（成一管子延伸到肩井穴）此時會感覺一股涼涼的氣
從腳底板經脛骨，腓骨往上來到膝蓋，在膝蓋停留，
然後往上大腿骨來到會陰，而這時雙腳感覺好像充滿
氣的汽球膨脹開來，雙腿會變的很硬，到了會陰時，
臀部的環跳穴會往內吸進去，整個臀部亦變成硬挺，
這都是氣貫臀部的關係。

　　這個黑洞就是後面所說的發勁要在圓中量，所發
出的勁是整勁，不是用拙力所發出的，記住太極拳
的勁是用意不是用拙力，就連筆者很好奇用手去觸摸
那個黑洞時，那黑洞就會消失一樣，出一點點拙力，
勁就會斷掉，那種勁的威力，就會減弱，這種減弱的
勁，我稱之為斷勁。

　　當湧泉感覺有一股氣從肩井穴下來時，就可以跨

步、前進，同時伸出手去迎敵攻擊對方，古人取穴名
為肩井，是有道理的。

　　取其穴道下有一口井即黑洞，而肩井對腳底湧泉
穴連成一束，猶如管狀的燈管，而井下方一定會有湧
泉，這是古人取穴名的智慧高明之處，也印證了這些
針灸穴道，也是一群武術練氣之高手的經驗傳承，不
是憑空想像而來。

　　練至意在肩井落湧泉，身體會有下列情形：

　　一、手臂膨脹。

　　二、兩腿膨脹，兩腳猶如兩根水泥柱。

　　三、腹內鬆淨氣騰然，腹腔呈中空狀。

第十章

發勁要在圓中量

當我們練習轉圈時，肩井下方會有圈圈，這個圈會起變化，時而大，時而小，時而快，時而慢，時而分開，時而靠在一起互相牽引，而互相牽引時，這兩個左右的圈圈，因氣的牽引作用會靠在一起重疊變成一束圈，而豎起來成一立體的漩渦，即宇宙所稱的黑洞現象。

由陽維點往下至會陰穴，帶動會陰穴反時針氣旋，這時候會陰的氣由湧泉上來，分兩段路徑，一段由會陰上尾骶長強穴，往上經命門穴上夾脊⋯⋯通三關；另一聚集在丹田，氣愈聚愈飽滿，牽動百會順時針氣旋，此時會陰的圈與百會的圈，一正一反的對轉，百會的氣下來與會陰上來的氣在丹田會合形成一太極球體，此即陰陽相濟。

在清宮欽天監裡所說的拳理：「發勁要在圓中

量，槓桿作用內中藏，仔細審慎勿放過，旋肘振腕似電光。」沒有親身體驗，很難體會出它的涵意所在，尤其是第三句仔細審慎勿放過，告訴世人太極拳是一種很細膩的武術，要細心的體會與悟性。

　　練到這種程度，就會變成看身體的任何地方，都是圈圈，處處是圈，而呈一黑洞現象，這時就可以發勁，因為這種勁一定是整勁，整體的節節貫穿由腳底湧泉穴上來，這就是所謂的發勁要在圓中量。

第十一章

槓桿作用內中藏

　　給我一個支點，我可以支撐一個地球，這是形容利用槓桿作用所產生的力量是無限大，在日常生活中，會利用槓桿作用的人可以用很小的力，產生巨大的力量，兒童樂園的翹翹板就是利用槓桿作用最典型的一種遊戲運動（見圖示）。

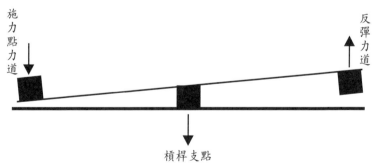

施力點力道

反彈力道

槓桿支點

　　一般武術的攻擊都是直來直往的，唯獨太極拳是走圓弧型，走圓圈的運動，而此套內功心法是將身體由百會至會陰穴分為兩半，而以任脈的陽維點位於華蓋、璇璣穴處，作為支點，用肩膀靠，或用肘，用手腕來攻擊對方，非常靈活，好似電光的速度，凌厲無比，運用之妙，存乎一心。

　　其實身體有很多槓桿支點，處處是圈，處處是支點，與對方接觸的地方，就是支點，因為是圈，所以對方一碰觸我們身體，對方施加的力量大，反彈就大，把太極拳的借力使力的原理與勁道，發揮到極致。而這種槓桿作用是隱藏在衣著內，所以，才說槓桿作用內中藏，奇妙無比。

　　再來就談借力使力的奧妙。

第十二章

借力使力分層次

很多人都知道太極拳善於借力使力來應敵，借力使力使用得很熟練，在推手的應用上就會得機得勢，用小小的力量就會產生巨大的勁道，而借力使力它是有層次之分茲敘如下：

1. 借力使力：

這是一般所說的借力使力，太極拳不主動攻擊，這是它高明的地方，因為先出手攻擊，必定有破綻，會讓對方乘隙而入，而且會讓對方借力使力，反受其害。

武術方面善於借力使力的首推合氣道，在合氣道的演練中很少主動攻擊對方，而且它是走圓弧線，類似太極拳，只是合氣道走的是大圈圈，而太極拳是走小圈，練到最後是濃縮至一點，所以太極拳是一種很

細膩的武術運動。

2. 借力使勁：

前面所說的借力是指一般的力道，也就是肢體運動，尤其是手臂的力量，而勁的力道是各個關節連動串聯起的力量，如肘關節力量，腰胯大關節的力量，襠部的力量以及大腿的支撐力道等等。

借力使勁就是要用上面各個關節貫穿起來的勁道借著對方的力量來攻擊，借力使勁是指力量從身上出來，有氣的能量加進去，而不是使用一般所指的拙力，其勁道比借力使力來得強。

3. 借力使意：

太極拳是一種用意不用力的武術，所謂的意到、氣到、勁到，也是要有意傷對方，才會讓對方受傷。就好像是電腦，要下達指令按鍵，它才會運作。所以在推手中，也可以借著對方的力道，來訓練自己意的使用熟練度。

4. 借勁使勁：

　　力與勁的分別，在推手時，如果對方出的力量是用勁來的時候，會感覺到那種力道是深沉的，輕輕一推就會拔根，究其原因是勁的力道，是整勁的，是從湧泉穴節節貫穿上來的，因力量是來自腳底湧泉，由下而上，所以輕輕一推對方即會拔根。

　　力、勁、氣的分別：

(1)力：

　　①是表面的力量。

　　②拙力。

　　③局部。

　　④對身體的傷害不大。

(2)勁：

　　①深沉骨髓的力量。

　　②非拙力。

　　③全身的力量從足部各個關節節貫穿所產生的勁道。

　　④對身體傷害較大。

(3)氣：

帶氣的勁道，進入身體的內部會破壞神經系統，造成身體五藏六腑的受損，而外部看不出來受傷的痕跡，也就是驗不出外傷。

5. 借意使勁：

太極拳練到有氣可用時，其聽勁是非常的靈敏，會感覺周遭氣的鼓盪。太極拳講究用意不用力，這是極高的武術境界，又云彼不動，吾不動，彼微動，我先動，所以當兩人對峙時，對方只要有意攻擊，都會有一些下意識的動作，如呼吸急促或緩慢牽動，橫膈膜上下移動，或腳前進，後退移動一小步，我們都可以在對方未出手前，借著對方的意帶動我們的意化為勁道，先下手予以制裁。

第十三章

氣貫全身剛掤勁

　　當丹田的太極球體形成時（所謂的太極球體不是指一固定不變的球，它是一團氣是由百會下來的氣與會陰至丹田的氣混合旋轉成一類似太極圖的一團氣，可大可小，它會壓縮、膨脹，而後擴散開來），最明顯的是雙手感覺像一根鐵棍，而裏面因充滿了氣所以空空的，再來是雙腿跟手的感覺是類似的，而後是軀幹，腹部像灌滿了氣的輪胎，遭受外力，會反彈，力道愈強，反彈愈大。

　　這是氣貫全身所產生的一種剛掤勁，也就是太極拳的剛體，太極拳陰陽裏的陽剛之勁。

　　太極拳重陰陽，一般講求鬆的陰即為太極拳的走化，而陽剛即為攻，太極拳不能只練守，即化，所謂化打，就是遇到對方攻擊時，在瞬間走化而後打擊對方，化打是一體的，在同一時間內完成，這才算是

有練到太極拳的精髓，不然只有挨打的份，沒有反擊的力道，這只能說練到一半而已，可攻可守，方為懂勁。

其實練成了太極球體，氣會擴散到全身，當對方攻擊時，它自動會走化，而瞬間轉變為攻擊，所以太極球會內收外放，也就是它會收縮膨脹，它是自動的。除非不想攻擊對方。

太極拳十三式的第一式，掤，掤者，膨脹也，這個掤，不是用拙力的，掤，是氣從丹田，及膻中穴向外擴散至全身的掤勁，太極拳的擴散，對養生、武術幫助很大。

氣在身體它一定會穿透及擴散，尤其是擴散，它可以從身體擴散至遠處，而其擴散的距離遠近，取之於功夫層次的高低，功夫好的人其擴散遠，反之則近，練成氣貫全身剛掤勁，就會有棉裏鐵的功效。

第十四章

鬆腰落跨下湧泉

　　打拳架要鬆柔，包括有形的鬆以及無形的鬆，有形的鬆就是要鬆掉身上各個關節，包括肩、頸、關節、肘、腕、腰、胯、膝蓋、踝關節等，並要卸掉身上的拙力。

　　每天都要打拳架，最好是每天早晨一起床，漱洗完畢，就打一遍，因為一起床未使用拙力，比較能較夠獲得鬆的效果。一些練拳的比賽選手，為了要在比賽中獲勝，改練用拙力的、蠻力的運動，練起了伏地挺身，單雙槓機械操等，甚至練舉重，真是匪夷所思，愈練拙力愈大，離太極拳愈遠，那種拙力，都是身體局部的力量，力量再大，也是有限，與太極拳節節貫穿的力量，是不能相比的，所以要練成太極拳之前，先要有一正確的觀念，才不會走偏，以致徒勞無功，到老一場空。

　　練鬆最好的方法，就是打拳架，藉由拳架的演練，鬆掉身上的各個關節，肩關節是很難鬆的大關節之一，因為平常提重物，都會用到肩關節的力量，打拳架如何鬆肩，其要訣就是沉肩，不要出力，沉肩就是肩膀往下沉，氣就會往下，不要抬肩，抬肩就是出到力，而太極拳是用意不用力的，慢慢的久而久之就會一路往下鬆開肘關節，腰，以及胯骨這個身上最大的胯關節，至足踝而最後下湧泉穴，使氣彌漫至整個腳底。

　　身上的這些關節如果不鬆開，氣就不會下沉，如果關節不鬆開，以肩關節來說，就不會使用太極拳十三式裡的靠式，因為不鬆，氣就不能下湧泉，而鬆腰落胯，除了打拳架之外，最好的方法就是做前面所說的鬆腰落胯臀貼地，每天都要做，做多少下不拘，久而之就會慢慢下沉至腳底湧泉。

第十五章

湧泉氣旋如吸盤

　　當太極拳的氣沉入丹田時，它會再往下入會陰而後下降至腳底湧泉穴，這是打拳架鬆透了身體各個關節以及拳架，虛實轉換交待非常清楚時，自然而然氣會下沉至湧泉穴。

　　所以在打拳架時，要注意，雙腳是否虛實分明，要確確實實的做到，而當鬆透了身體，卸掉了身體的拙力時，氣往下沉至湧泉時，勁就會從湧泉上來，這是太極勁的由來，而氣落入湧泉時，腳底會有氣旋的感覺，有時在湧泉，有時在足心，甚至擴散至整片腳底，好像吸盤吸住一樣，入土三分。

　　古人有云：「至人息之以踵」踵足跟也，也就是腳後跟，腳踝的部份有內踝及外踝，當練至湧泉會氣旋時，氣會漫延擴散至腳踝，足背以及足心，這時腳底因為佈滿了氣，感覺腳底空空如騰雲駕霧似的，這

在推手時，對方會覺得空無一物，沒有著力點。又因為氣落湧泉，自己又會感覺腳底很踏實，也就是腳底有根。

練到腳底湧泉氣旋時，只要意念放在腳底，或者看腳底氣自然會由腳底經腳踝經過脛骨腓骨往上，先停留在膝蓋，而後入會陰，鼠蹊部上，丹田。

平時氣上來是緩緩的上來，而與人交手時，它是很快的氣是自動的，會借地之力來應敵，不必費心，操心，害怕，來不及。

而要練到在平時走路時，氣自動能由湧泉上來，也就是隨時都在練功，行、坐、住、臥不離太極，這樣才能練出好的功夫。

練就氣落湧泉，看腳底會感覺整片腳底處處是圈的漩渦，如吸盤似入土三分與地緊貼在一起。練到湧泉氣旋如吸盤時，就會有身輕體重的效果，在推手時，對方就很難推得動，而在走化時，因為腳底有根，很容易就可以把對方的來勁化掉。

第十六章

湧泉無根難走化

所謂湧泉無根,套一句練家子的話,就是下盤功夫不紮實,下盤功夫不紮實,就好像是蓋房子,地基沒有打好,地基不穩地震一來,就會有倒塌的危險,用這種比喻雖然有些嚴重,但只是在說明湧泉有根對於練武者確實是相當重要,這不只是太極拳,少林、形意、八卦掌,都是強調下盤的重要性。

太極拳異於一般武術,除了講求鬆柔,強調用意不用力之外,還有一點就是走化,《孫子兵法》的36計中以走為上策,其意就是不與對方正面衝突,這一點很適合用在太極拳推手上,遇到實力,體重相當懸殊的對手,不能硬碰硬。

太極拳強調用意不用力,所以它總是用最輕鬆、最省力的方法來克敵致勝,而其方法就是走化,有點類似四兩撥千斤。

　　走化的第一要件就是要湧泉有根，湧泉無根，一推就倒，哪來走化，所謂湧泉無根無主，力學垂死終無補，而要練出湧泉有根，可從下列幾項著手：

(1)拳架：

　　打拳架是獲取功夫的最佳方式，有一些推手比賽的選手，很可惜常常忽略拳架而專練推手。

　　其實，拳架比推手來得重要，拳架要每天至少打一遍，至於推手一個星期推一次就可以，打拳架力求鬆透，虛實交換清楚。

　　這些必須合乎拳經的要求，是否收尾閭，是否換了雙重的太忌，雙重就沒有虛實，沒有虛就沒有陰陽，沒有陰陽就不能稱為太極了。

(2)推手：

　　推手時，盡量不要使用拙力，打拳架多鬆，推手就要多鬆，推手有一方法倒是不錯，就是任由對方推，寧可被推出去，被推倒，也不移動腳步。

(3)互參：

　　請參閱拙作《太極拳內功養生心法》一書。

(4)**轉圈：**

請參閱拙作《太極拳內功養生心法》一書。

第三、第四點也是練出湧泉有根的方法，尤其是第三點，互參更是練出鬆腰落胯其根在腳，下落湧泉的最佳途徑。

以上四項交互練習，細心體悟，久而久之，就會覺得腳底湧泉有根入土三分如吸盤，難以撼動，這時會發覺在推手時，輕而易舉，就可以把對方的來勁化掉。

第十七章

身輕體重千斤錘

　　打對了拳架，鬆了腰胯，氣會沉丹田而後落湧泉，落湧泉之後，氣自然會下沉至腳板底湧泉穴，而足心凹進去的地方會鼓起來，站立時平貼於地，好像吸盤入土三分與地黏貼在一起，而因氣落至湧泉。

　　在推手時，只要對方一推，氣會由腳底節節貫穿上來而由身體向外擴散膨脹開來，讓推的人感覺很重，而這個重，不是體重的重，這與身體本身的重量無關，而是氣擴散開來的掤勁，也就是太極拳十三式的第一式，掤。

　　掤不同於頂，掤是氣的擴散，不出力，而頂是出拙力，要練出身輕體重，打拳架一定要鬆，把身體的拙力卸得一乾二淨，讓氣慢慢的落湧泉。

　　而在練推手時，儘量的讓對方推，而在走化時，用身體腰胯去走化，不要用手去擋，去走化，這樣持

之以恆，身體會漸漸鬆柔，重心會慢慢的往下沉，直到真正的氣落湧泉，就會感覺湧泉貼地且腳底如吸盤似的與地緊貼黏在一起，這就是身輕體重千斤錘的實際狀況。

又因為身體的所有關節都鬆開（肩、肘、腰、胯、足踝）暢通無阻，下到湧泉至地底，所以對方的來勁，藉著身體的足部，將來勁化得一乾二淨至大地，身體一點也不承受對方的力量，很像避雷針一樣，將電導引至大地，這豈止是千斤錘，等於在推大地，就像在推千斤重的銅錘一樣，只要夠鬆，對方縱然來勁大，都無法撼動，這是太極拳鬆的妙處。

第十八章

中定勁發人難推

太極拳十三式裡的最後一式,中定,中者意為中正,不偏不倚,不前傾後仰;定者其意為安定,沉穩。中定在太極拳上則為下盤穩固其身尾閭中正,神貫頂,全身鬆透氣達腳底——湧泉,而後氣貫百會。

一般的武術,有站樁一式,其意就是先練身體的下盤,下盤功夫紮實,就像蓋屋子打地基,地基打好,房子才會牢固。

太極拳單單站樁是不夠的,站樁的最大意義與目的,是增加身體骨架的骨髓密度,以及讓氣能下達湧泉而後上百會,讓氣能貫穿脊髓,而為了要使氣早日下達湧泉,最好的方法就是多打拳架,讓身體的鬆柔,打通身體的各個關節。

而身體的鬆透是無止境的,包括有形以及無形的,有形的就是全身放鬆,不出力,這較易做到,無

75

形的較難，無形的就是打拳架專注，不帶一點雜念，胡思亂想（眼神柔和）……等等。

每次打拳架都要這樣，每天早晨起床第一件事就是先打拳架，因為起床還未使用拙力（日常生活的用力，大部份都是用拙力），所以比較能獲得鬆的效果，每天至少打一次拳架，這個方式，不間斷的勤練一兩年下來，就會慢慢氣下沉至湧泉，這就是太極拳所說的湧泉有根，是活根，而不是站樁定步的死根。

因為太極拳的推手，是在活動中進行，所以要練出活根，才不會被人在移動中拔根，有恆心毅力就會有前面所寫湧泉氣旋如吸盤的狀況，好像磁鐵吸住大地，而感覺兩腳底入土三分，而成就拳經所說的身輕體重的效果出來。

身輕就是氣貫湧泉，全身充滿了氣，體重就是腳底湧泉吸住大地，這時對方就很難推得動你。如此推手才會輕鬆沉著應對，過關斬將。

是故要練出中定勁，身輕體重之效果，依筆者之經驗，其前後順序如下：

①練出意在肩井落湧泉，使身體從肩井湧泉是一

條主軸線。

②百會、會陰至大地呈一條主軸線，也就是尾閭中正神貫頂要通三關。

③湧泉氣旋如吸盤。

④氣貫全身剛掤勁，因為當你在示範時，對方一定會推你上部肩井處，不可能蹲下來推你腰胯，如果遇到對方力大無窮，這時一定要全身膨脹開來，在接觸點部位就要對方的力量移除或挺住，保護接觸部位不受攻擊以及腰部脊髓骨不承受一點點力量而導致脊髓骨受傷，而如何使氣讓全身膨脹開來，只要把意放在丹田，或膻中穴處。

以上四點就是練出中定勁讓人難推的實際狀況。

第十九章

引入落空合即出

在搏擊中，太極拳算是一項很奇特的武術運動，其奇特處，在於太極拳的走化，走化的基本條件是本身要練出其根在腳的功夫。

因為其腳無根，對方一推就倒，根本就走化不了，有了走化的本事，在推手中就可以製造機會牽引對方的重心失去平衡或跌倒。

高手中的高手，其引入落空，會讓人感覺到本身的前方忽有一懸崖似的，讓人驚恐萬分，膽顫心驚，這種功夫是長時間從推手實戰經驗中累積而來的，不是短時間能練出來的。

而後三字「合即出」，更道出了太極拳的深奧，所謂的合，如果丹田沒有儲存足夠的氣，也就是說沒有氣沉丹田，就無從合。

以前看到這三句話，始終一頭霧水，一直在想這

合字要如何合，是肢體的合，還是另有他法呢？直到練到氣沉丹田，才曉得這個合，就是氣的開合，也就是太極拳的最後一招合太極的合。

這招合太極（見前拙作《太極內功養生心法》所示）就是將腳底湧泉穴的氣引至會陰處，這時會感覺會陰處微涼或微溫且會氣旋（反時針方向），大部份是涼涼的，因為它在丹田下方也是在肚臍下屬陰，這時氣它會自動至丹田，而藉收尾閭這一小動作，氣會由尾閭過夾脊上玉枕而牽動百會，此時百會處氣旋（順時針），且氣會由百會往下經鼻柱，沿胸前心窩循著任脈至肚臍下方與丹田的氣合成一太極球體，這就是太極拳所說的陰（會陰）陽（百會）相濟。

凡以上過程皆是意謂這種現象皆是自動完成，水到渠成，這就是合太極這招式的實際情況。

所以，只要感覺丹田處有氣時，身體就會像水母似的一吸一放，會鼓盪身體周遭的氣進入到體內，這就是鼓盪勁的初步，又因為身體的圈由平面轉為立體的漩渦圈時，呈現黑洞現象，就會把氣吸進來，最明顯的就是肩井穴下方處，就是合的實際狀況。

　　古人在寫拳經時，都是親身的體驗，又怕所傳非人，總是點到為止，如果照字來解釋，牽強附會，恐怕難窺其貌，除非自己有練到，這是筆者對引入落空合即出的一種體驗。

　　筆者不才把它寫出來，供拳友參考指正是幸。

第二十章

破壞平衡重心偏

此與引入落空合即出有異曲同工之妙，兩者都是讓對方失去平衡而予以制裁，或按或擠或……視當時情況而出何招式。

茲列一表格與前引入落空合即出之差異性，讀者一看便可一目了然。

	引入落空合即出	破壞平衡重心偏
攻擊性	被動，亦可製造機會引對方落空而以攻擊。	主動，破壞對方的平衡感。
屬性	屬陰	屬陽
力道	不用	用
招式	後退，轉動身體為一球體，其他招式視當時情況而變。	運用內功心法（見《太極拳內功養生心法》）雙向的轉圈最佳，其他招式視當時情況而變。
成功率	需熟練度才能熟能生巧，水到渠成。	大
效果	極佳，有驚心動魄之效。	亦佳，略遜前者

第二十一章

動步鬆沉方為沉

太極拳的功夫，不一定要靠推手來獲取，打拳架亦可以練出一身好功夫，只要拳架正確，身體鬆透，卸掉拙力，氣沉丹田而往下再落湧泉，恆心加上毅力，久而久之，就會長勁。

一般的太極拳推手比賽，可分定步及動步兩種。

定步推手一腳在前一腳在後，大部份的選手，為了贏對方，都蹲得很低，兩腳一前一後距離很大，後面的腳用力的撐，全身僵硬，既不鬆亦不沉，難怪會練出一身的拙力，蠻力，不合乎太極拳鬆沉的要求。

要做到鬆沉，前已談過，最好的方法是打拳架，而定步推手亦是一種練鬆沉的方法，但不必刻意蹲得很低，蹲得很低是認為重心低，較不易被人推倒，但那種蹲低的方法，只是在練肢體使身體重心往下而已，那不是真正的鬆沉，只要平常打拳鬆透，氣落湧

泉，那才是練鬆沉的方法。

定步鬆沉練一段時間後，就開始練動步鬆沉，因為推手時，遇到高手，它會引進落空先拔你的根，再來推你，所以一定要練出動步鬆沉的主要原因，而且，定步是死的而動步是活的，說一句比較直的話，跟人打架，總不能站在原地一動也不動吧？太極十三式中也有前進，後退，這二招啊！

練動步鬆沉亦有一個方法，就是平常的走路，時時刻刻氣落湧泉，也就是隨時都在練拳，隨時都在進步。這才能體會動步鬆沉方為沉的醍醐味。

第二十二章

提放勁發人離地

太極拳的發勁，人一碰觸，腳會離地往後仰而跌地，乾脆俐落，跟一般的武術大不相同，而太極拳可以正面迎敵，這是它的特點，不像一般武術，需要正側兩面交互攻擊，跆拳就是最典型的。

太極拳所以會使人離地跌出，最主要的是他的勁中包含著「提」、「放」兩種元素在內，也就是藉由按式同時發出長短勁，兩種勁道，太極拳會令人如此著迷，就是有它的原因，就如台灣的風景，這麼迷人有山有水，變化萬千，既廣且深⋯⋯。

鬆透了身體各個關節，氣自然會落腳底湧泉，而它跟對手一碰觸的瞬間，氣會從湧泉往上，循督脈命門穴上的夾脊發勁，藉由按式會使人站不穩而腳離地，往後仰而跌出。

有時周遭的氣場強時，會感覺整個地皮就像要翻

轉過來一樣，而這時百會的氣會下來跟湧泉上來至會陰的丹田之氣混合在一起鼓盪成為一太極球體，也是鄭曼青宗師所說的吞天之氣接地之力的鼓盪勁，其實這天地氣是彌漫在人的四周，不是上下而已…。

太極拳勁的由來，在前拙著《太極拳內功養生心法》就已談到，筆者是靠轉圈、互參、勤打拳架而來的。太極拳十三式裏，有前進、後退兩式，這是張三豐宗師從實際搏擊中體驗出來創造了有名的掤、攦、擠、按、採、挒、肘、靠、前進、後退、左顧、右盼、中定十三式。

這說明了實際的應敵中，是變化萬千，前、後、左、右、四面八方，都要顧及，而不是站在原地不動，才能發出提放勁，也就是要練出前面所說的動步鬆沉方為沉，在走動中也要能發出提放勁，這樣才表示練到家，在實戰中才能運用自如。

第二十三章

極鬆柔後極剛強

　　太極拳講求鬆柔，鬆了身體的各個關節，卸掉身上的所有拙力，使氣能沉丹田，這種武術的練法，與一般的武術不同，世上少有，這是太極拳極難練的地方。

　　因為它反其道而行，顛覆一般人使用力的法則，幾乎所有的運動所講求的力道，大部份都是使用拙力，舉一個例子來說，舉重，不管抓舉或挺舉，你不出力怎麼能舉起，每次舉重比賽，為了增加那0.5公斤，就要花很多的時間去練習，這種練法與太極拳捨棄拙力，不用力的練法，背道而馳。

　　愈練拙力，離太極拳的道路愈遠，愈練身體愈僵硬，違背了太極拳鬆柔的要求。

　　當身體鬆柔使氣沉丹田時，氣會自動進入會陰穴而落湧泉，此時身體的各個關節，就節節貫穿，而使

身體的丹田之氣充沛，而氣會從丹田擴散膨脹開來，丹田會自動開合迎敵，這是極鬆柔而極剛強的身體實際狀況。所以，太極拳不必去練那種硬功夫。

筆者早年曾經練過跆拳，這也是傳自中國的唐手道，演變而成為今天韓國的國技，且列入世界運動大會的比賽項目。跆拳裡表演的手劈木板、磚頭，那就是一種硬功夫。

那種練法會傷害身體，就是每天持續不斷的用手去砍木板、磚頭，起初練的時候手會痛，久而久之手的痛覺神經就遲頓麻痺，而沒有痛覺，此時就已經練成了能手劈木板、磚塊。

但隔一段時間沒練，等痛覺神經恢復之後，手又會痛，為何要練那種硬功夫。

依中醫的觀點，腎主骨、肝主筋，筋骨受傷，會傷及肝腎，據聞那時的跆拳教練練到了40歲之後就已經目視不明，因為練過頭傷及肝腎，慶幸自已練跆拳的時間未超過兩年，所以未造成身體的傷害。

剛接觸太極拳時，那時正熱衷於跆拳，看到那種打拳慢慢吞吞，軟弱無力的太極拳，嗤之以鼻，心想

這種拳術能用嗎，又看到拳經裡所說極鬆柔而後極剛強，心中存疑，鬆柔與剛強是一種強烈的對比，怎麼能連在一起，直至練到氣貫全身時，才恍然大悟，太極拳的剛強是由鬆柔而來。

第二十四章

屈伸開合聽自由

　　開合指的是丹田氣的開合，太極拳經以隨屈就伸來比喻，開合，這是中文奧妙高明之處，屈伸也就是伸縮的意思，自然界中有一種草名曰含羞草，只要用手指輕輕碰觸，就會捲縮起來，而後再慢慢的恢復原狀。還有一種動物刺蝟，遇到外力攻擊就會將自己的身軀膨脹長滿了刺，使外物不敢靠近，這是動植物為了保護自己，所具備的本能。

　　練太極拳能練到屈伸開合聽自由的境界，那已經是通了三關，且氣貫全身方有可能像在湖中丟一小石塊，起了陣陣漣漪一樣，這都是在練太極拳的開，而練成了開，熟練之後，它就自動會合，而將氣聚集於丹田處，開合是開較難練，練成了開，合即會水到渠成，所以才會有屈伸開合聽自由。

　　而練太極拳能通三關氣貫全身時，你會感覺全身

從頭到腳都在呼吸，舒暢無比，所以也就自然會注意你練功周遭的氣場，空氣好、陰離子、芬多精多的地方最佳，而這些地方，台灣的國家公園、森林處處皆是，所以台灣真是寶島，在這種地方練功當然就會進步神速，身體健康，養生武術互補，相輔相成。

在前拙作《太極內功養生心法》裡的轉圈一陰一陽，一順時針，一反時針，都是由外轉內的軌道在進行，圓圈的循行路線，一定是從起點開始繞了一圈又回到起點，就因為圈的特性，所以在練太極拳的開合，就比一般練直來直往的較快，且較能體會太極拳的醍醐味。

為什麼練太極拳，要有圓圈的觀念，因為圈它無稜無角，所以在推手走化上就較能將對方的力道化掉，在日常生活中處處可見，如汽車的輪胎、軍人所載的鋼盔，以及子彈也是呈螺旋狀的射出等不勝攻舉⋯⋯。圈摩擦力較小，所以阻力就小，速度就快，在推手攻擊就取得速度上的優勢，圈的極速則呈螺旋，一般的電鑽就是利用螺旋的原理。

陳氏太極拳的所謂纏絲勁，就是一種螺旋運動，

往返須有摺疊，所謂的摺疊就是圈的意思，也就是一般楊家的折疊勁。

　　以上所列三點，都是將圈套入太極拳中，那圈跟太極拳的開合又有何關聯呢？因為當氣從身體的心窩膻中穴處或督脈脊椎往外擴散時，它還要再回來，以氣的聚散來說，氣往外擴散就是散，而回來就是聚，因為平常我們練轉圈就已經駕輕就熟，氣從我們身體擴散出去，在我們身體周遭，循著雙向的圈再回到我們身體的丹田聚氣處，週而復始。

　　當我們與人推手時，這氣的開合更加明顯，只要對方一出手，它就會牽動我們身體的內氣往外擴散，而與外面周遭的外氣相互鼓盪，聚集回到丹田而後落會陰下湧泉，勁自然會由湧泉腳底上來，滾動丹田之球體來應敵，這時間極快，所以不必擔心，來不及，體會出屈伸開合聽自由的感覺，就進入了會發鼓盪勁的境界了！

第二十五章

奇妙陰陽操縱規

　　陰陽是太極拳裡很重要的一環，在大自然以及日常生活上周遭的一切事物都離不開陰陽，白天我們稱陽，晚上則屬陰，晴天為陽，下雨天則為陰，空氣中充滿了陰離子，以及陽離子，電源則有正電（極）與負電（極），而直流電也有正負兩端，正為陽，負為陰，女屬陰、男屬陽，而陰陽的特性，如下：陰屬柔，陽屬剛，陽主動，陰被動，陽速、陰遲……等等不勝枚舉。

　　太極拳的陰陽奇妙無比，沒有陰陽，就沒有虛實，沒有虛實，就犯了雙重的大忌，一推即倒，能體會陰陽，則用於太極拳的推手中，受益無窮，因為太極拳的走化，攻擊是陰陽變化的延伸，陰屬化，陽屬攻，發化同時，陰即是陽，陽即是陰，攻即是守，守即是攻，陰中有陽，陽中有陰，守中有攻，攻中有

守，陰陽運用之道，存手一心。

操縱規位於我們身體內的陰維點與陽維點，先從陽維點談起，陽維點就是在任脈膻中穴的上方，在前拙作《太極拳內功養生心法》第三章圈的練習中，所提到的前頂心窩後豎脊梁的心窩處，在心臟的上方，有主動脈弓，靜脈等大小血管，心臟像水泵一樣將血打出去，產生血的壓力，也就是我們所說的血壓，血壓是一種壓力波，是一種能量，而我們練出太極球體時，會有一股氣，從丹田循著任脈往上至心窩膻中穴，而由膻中穴將這股氣化由血壓轉化為一電能，擴散出去，由膻中穴上方的璇璣穴處去攻擊對方，另一股氣由丹田過尾閭經夾脊，上大椎穴至前方鎖骨會合於膻中穴上方的陽維點，來攻擊對方。

為什麼要由膻中穴上方滾動球體去攻擊對方而不由膻中穴，就是怕傷了心臟，不過亦有人扎此穴道，但只能斜扎一、二分，不可直扎，以策安全，如果要用陽維點直接攻擊對方，必需要有整片的氣，保護著膻中心窩處，否則不要用此方法去攻擊，因為除了會傷到心臟之外，還有胸腔下之肺泡。

　　我在《太極內功養生心法》裏光碟片所示範的用陽維點攻擊對方，不僅是整片氣保護著心窩處，而且我的心窩處鎖骨下方有一突出的骨頭，這是練出來的，我才敢用陽維點直接攻擊對方。

　　所以，當氣到膻中穴陽維點處時，只要將雙手伸出，勁自然會由陽維點滾動球體，經肩井穴以及由督脈上來的項骨處合併的勁去攻擊對方。

　　再來談到陰維點，他的位置位於心窩裡面的後下方，兩腎臟相連接的地方，此點是用來化解對方的攻勢，氣如果到達此點會很舒服，一般氣到達腎俞穴（在命門兩側）處，比較容易，要到達陰維點較困難，但是持之有恆必定會成功。

　　當氣能到達陰維點，及陽維點，在推手時，如果要攻擊對方，只要把意放在陽維點，即會滾動球體由陽維點去攻擊對方，如要走化則看陰維點，即會化掉對方的攻勢，在入靜時，去看這兩點時，它會互相移動往返，像是一操縱軌道，奇妙無比。

第二十六章

骨髓充滿勁凌厲

太極拳的勁，是氣進入骨髓之後所產生的，所以要練出太極勁除了以上所寫的要練成之外，必定要骨髓密度高，骨髓密度隨著年歲增長而遞減，所以要有勁可發，練出功夫來，年齡亦是一重大因素。

年紀愈輕，愈有機會練成，不過一般三四十歲的年紀，骨髓密度都不會很差，沒有骨質疏鬆的問題，除非是吸毒，或者年少縱慾過度，導致骨質疏鬆，是練不出勁道的。

古人練功，都是從小開始，所以能練出很好的功夫，由於時代環境的轉變，現代人比較不可能像古人這樣，從小就練武。

在我教學的過程中，同樣的教法，年輕的學員，勁道總是比年長都強勁，因為年輕，體力、反應都比年長者來得好，之外，最主要的是年輕的骨髓密度

佳，製造骨髓密度的紅髓與黃髓多（見蔡肇琪先生所著《我所認識的太極拳》P.29）而紅髓是由紅血球、白血球、血小板組成，而最主要的是紅血球，佔較大的部份，紅血球幾乎完全在骨髓中製造。

　　成年以前，差不多所有骨骼的骨髓都能產生紅血球，但到20歲以後，很多長骨的骨髓充滿大量的脂肪，也逐漸失去製造紅血球的機能，此時造血機能完全由膜樣骨等來承擔，如圖所示：（見周先樂先生所著《大學用書生理學》P.332）

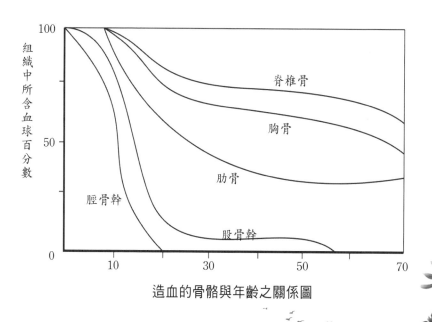

造血的骨骼與年齡之關係圖

　　年歲的逐漸增加，骨髓的造血機能也逐漸衰退，是故年歲大骨髓密度疏鬆而氣進入骨髓中所產生的勁就會減弱，所以年長者較不易練出勁來。

　　舉例來說，如要提煉出高級的鋼質品，其材料以及技術要好。同樣的，生產水泥也是如此，石灰石好提煉出來的熟料就好，熟料好，壓榨出來的水泥粉末產品就佳。

　　而材料就等於骨髓密度，而技術就等於後天的努力勤練以及正確的練法，兩者缺一不可。

　　所以，年長者對於想要練出太極勁的期待，不要太高，一般來說，45歲以前還可以，50歲以後就較難，但也可以靠後天的努力彌補過來……。就是每次打拳完畢後練提手站功，右腳虛，另左腳實，酸了又換左腳虛右腳實，每次可視情況練多少算多少，每天都練，一年下來加上正確的飲食就可以改善骨質密度流失的問題，並使自己有勁可發，可見骨髓密度的高低，會影響勁道的強弱。

　　另外就是身體的氣，氣是一種能量，類似電荷，而人體器官，組織會產生不同的生物電荷，只是因為

本身的能量氣場不夠所以感覺不出來，當人身體有病變，其生物電荷也會改變，會使體內生物電荷的分佈及流動產生不平衡，造成氣血運行不順，這些現象可藉由太極拳的拳架及轉圈方式來牽引身體氣的流動，行氣體交換，增加身體各器官的受氧量，改善血液循環，以達到電荷平衡分佈，達到治病的目的。

當練至氣貫全身時，身體會感覺像電網一樣，全身麻麻酥酥的，整個毛細孔好像都打開，從腳底湧泉穴到頭頂百會穴全身涼涼的，就好像身處在溪頭、阿里山國家公園森林浴陰離子一樣，極為舒服。

而周身電網在打太極拳時更為明顯，其實打拳套之前的入靜功夫具備下列事項，①放鬆②無雜念③卸拙力④放空專注於打拳……。

而藉由練拳會發現身體有一些狀況如下所說：

1. 黑洞現象：

常聽人說身體就像一個小宇宙，地球中水份佔70%，而人的身體亦是，宇宙之大，無邊無際，科學家發現有一個巨大黑洞，而人的身體在練的過程中，

也有此現象。

　　此黑洞就是身體肩井穴下的雲門穴附件，這個黑洞是由平面的氣圈而形成，形成之後就像是打果汁機，豎起來的漩渦一樣。

　　這黑洞在我們身體形成之後，它會把周遭的氣吸進來，這就是鄭曼青宗師所說的吞天之氣，而練成了吞天之氣，自然就能夠接地之力，因為要練成吞天之氣較接地之力困難許多。

2. 電光石火，雷電交加：

　　下雨天相信很多人都看過閃電、打雷，閃電的形成是一自然現象，在高空中雲層帶有兩種。

　　電荷一種帶正電，一種帶負電，當天邊出現一道光時，表示大地有一導電體構成一迴路，閃電即會出現，而這道閃電是由地面往天邊竄升，就像兩條電線，一陰電一陽電，也就是一正電一負電，即構成電源，而當正電負電兩條線碰觸在一起時，俗稱短路，就會產生火花聲響。

　　練這套內功心法在身體內會有類似上面所說的現

象，當會陰氣旋（反時針旋轉）至呈現螺旋黑洞現象時把意往腳板湧泉穴觀看，氣即會從湧泉穴往會陰上升，此時會陰至丹田，肚臍處範圍內充滿了大量的氣（屬陰）。這陰氣會牽引百會的陽氣下來，在丹田肚臍處形成一太極球體，當練成此球體時，要攻擊對方時，只要把意放在湧泉時，氣即會上來，有時氣太強時，在兩眉中間的玄關（即印堂穴微上處）會如閃電似的光閃一下，猶如電光石火……。

第二十七章

用意則養力則傷

　　武術的目的不外乎兩點：第一養生、健身，強健體魄，改善體質，由弱轉強；第二自衛防身，提高搏擊能力。

　　一般武術強調勁道，力道，偏重於力的使勁，千錘百煉，而練出武功。太極拳強調用意不用力，是一種很奇特的武術，意念一動，氣隨之而動，而勁亦出，對方根本來不及反應，所以運用在推手上，是無往不利，除非對方全身鬆透，聽勁非常靈敏，但這不多見。

　　太極拳強調輕盈，所以才會說一舉動周身俱要輕靈，練至一羽不能加，一搭手，對方根本抓不住重心點，所以也就沒有著力點，力量無法傳到我們身體。人不知我，我獨知人，知己知彼，百戰百勝，如果推手用力，對方一定瞭若指掌，一出手，對方即知，那

註定是失敗無疑。這是把意念用在武術方面。

　　至於從養生方面來說，推手中用意念吸進很多外氣，來跟身體的內氣相呼應，形成一鼓盪的氣來應付對方的攻擊，所以會越推精神愈好，這是在儲存能量場，而用力氣推手，剛好相反，是在消耗本身的能量，耗力又傷氣。

　　常看推手比賽，年輕的話還好，恢復體力比較快，年長的，一場推手比賽下來，氣喘如牛，整個人累癱，趴在地上，一動也不能動，大傷元氣，也許要經過好幾天才能恢復體力，對身體是一種很大的傷害，用意則養，用力則傷，聰明的讀者，您要選擇何種方式，相信答案已出。

第二十八章

致命一擊引丹田

在平常的推手練習中，主要是著重在於沾黏貼隨，以及走化方面的熟練度，在沾黏中，可以控制對方，給對方壓力，讓對方沒有進攻的機會，也就是處在對方背勢，而自己得機得勢的狀態下，這就要靠平時的努力勤練。

從沾黏貼隨中，練出極靈敏的聽勁，對方的一舉一動，瞭若指掌，知己知彼，也就能百戰百勝。

常看到公園裡練推手的一些拳友，一搭手沒有沾黏，就橫衝直撞，蠻力出盡，這種方式是練不出沾黏的真功夫的，只能練出一身的蠻力。

況且拙力、蠻力，是相當耗體力、散氣的，年輕的還可以這樣練，因為體力恢復的快，年長者就不適合，也不合乎養生。

平時我與學生練習推手時，主要是練沾黏貼隨以

及走化，沒有發勁，所以，氣始終沉於丹田，躍躍氣騰然之狀。

　　當身體受到外力攻擊時，牽動丹田的氣，到達身體受攻擊的部位，當丹田充滿了氣之後，會感覺丹田有膨脹感，往外擴張且肚臍下空空的，外力愈大，反彈的力道愈大，這就是所謂的致命一擊引丹田。

第二十九章

無形無象體透空

　　道家的練氣士所謂的練精化氣，練氣化神，練神還虛，是一種精氣神的修練，進而達到身、心、靈的契合。道家的清淨無為、無慾、無執，認為人去除心中的污垢以及我執，就會提升心靈的層次，達到天人合一的境地，與虛空同在無生無死。

　　太極拳的無形無象體透空，是一種氣的境界，拳經裏有一羽不能加，就是一種虛無、虛空的現象，正如拳架裏陰手、陽手之前的虛無、無極，太極，點出拳架之前的虛無、虛空，不含一點雜念，這是太極拳鬆的極致。

　　太極拳練到一個層次，當打拳架之前，全身入靜放鬆，無雜念，（內觀玄關之處）就會感覺全身上下膨脹開來，全身充滿了氣，像充滿氣的氣球，中空、輕盈。氣由腳底湧泉穴擴散至整個腳板、趾骨擴及

全身，因全身骨骼裏都存有氣，而彌漫到全身充滿了氣，全身由腳至頭全身都在呼吸。

練到了這程度則人對其肉體的質感必會比一般人淡化很多，以至覺得其肉體如透空此時已練到《十三勢歌》中的「腹內鬆淨氣騰然」……。

無形無象體透空的修行過程，情境、意涵很像是道家的練精化氣，練氣化神，練神還虛的三層次，清宮欽天監裏的太極拳論有「發勁要在圓中量，槓桿作用內中藏，仔細審慎勿過，旋肘振腕似電光」「……守玄能參天外天」，這些理論把它印記在無形無象體透空，頗為貼切。

氣在身體產生質變，由氣轉為一種電的能量場，太極拳的無形無象體透空，其先後順序如下：

①打拳架全身鬆透，剩下骨架，沒有身體的感覺。

②骨架的感覺淡化。

③由玄觀內觀身體透空。

第三十章

六神統一合太極

所謂六神是指練功時在我們身體有六個部位會互相牽引相通，這六個部位是：

①百會（頭頂部位的最高點）屬靈。

②玄關（兩眉之間的眉心上俗稱的眉心輪）屬性。

③心臟膻中部位（兩乳之間的穴道）的陽維點屬神。

④兩腎相連上接的點稱為陰維點屬意。

⑤骶骨（尾骶骨長強穴上的左右共八個穴道為八髎穴即上髎、次髎、中髎、下髎俗稱仙骨部位）屬魂。

⑥會陰（身體丹田下，前陰後陰之間的部位）屬魄。

當會陰與百會部位氣旋時（會陰左旋，反時針方向轉動時會牽動百會穴道右旋）此時即靈魄合一，練到這種程度，即屬上乘功夫。在此順便一提──

四相合一：身體左右的圓與上下的圓共四個圈相

互牽引（所謂的圈，即是一團氣的漩渦）。

三才合一：天（百會）地（湧泉）人（丹田）

在練成六神統一之前，會先練成四相合一，以及三才合一，一般人練太極拳，很少練到上面所說的三才合一、四相合一，以及六神統一，但這並不表示太極拳沒有這些東西，因為這些現象，是藉由打太極拳架，轉圈，以及推手時，在我們身體氣所呈現的現象，只要通了三關（尾骶、夾脊、玉枕），這些現象都會一一浮現。

會陰穴又名海底輪，是道家的重要關竅，會陰穴對於練太極拳的來說是一重要的穴道，打拳鬆透，氣落腳底，湧泉，或打通衝脈（氣入丹田循鼠蹊部經會陰下湧泉）當鬆透了身體各個關節，氣落湧泉時，不僅會腳底生根，同時氣會循腳底沿著大腿慢慢上來，有時循著脛骨、腓骨，有時前有時後，有時整片上來，不管是何種方式上來，它都會停留在會陰穴，這時雙腿會漸漸膨脹開來，就像灌了氣的輪胎一樣的硬，臀部兩邊的環跳穴會像吸盤似的吸進去成一凹洞，而此時氣會由會陰經尾閭上夾脊，至玉枕停留一

下而進入玄關上百會，這就是太極拳的三關。

此時也就入門了太極，而離意到、氣到、勁到的路途，還有一段遙遠的路要走，話說氣到百會時，會沿著任脈下來，進入玄關（兩眉的中點略上方），此時百會與玄關相通，而後下鼻梁、人中、承漿，循喉嚨廉泉穴到兩乳之間的膻中穴也就是陽維點，此時陽維點會觸動膻中穴裡面的陰維點，也就是前面談到的奇妙陰陽操縱規的陽維陰維點，氣經過膻中穴經腹部的上脘、中脘等穴，入神厥穴（即肚臍），經氣海下關元（即頂頂大名的丹田）到會陰，此時，任督兩脈相通，百會與玄關相通，陽維點與陰維點，會陰與尾閭（長強穴上的八個穴道俗稱仙骨）相通，這六個點相通，統一起來，即合成一太極球體，這就是所謂的六神統一合太極。

而實際情況如下所述，六神統一時，會陰會左旋，在丹田處會有一團氣，而後牽動百會左旋從兩眉心中間的玄關經鼻梁一股涼意往下循任脈的經絡至肚臍與丹田的氣，混合形成一類似太極圖的大氣圈，合成一球體。

第三十一章

陰陽相濟鼓盪勁

　　練成陰陽相濟，也就是練出太極球體，太極球體完成其實際狀況見前頁，在此不再最贅述。

　　這時就已經進入太極鼓盪勁的層次，而體會出一代宗師王宗岳在太極拳論所談「……動急則急應，動緩則緩隨，雖變化萬端而拳理一貫，由著熟而漸悟懂勁，由懂勁而……須知陰陽相濟方為懂勁，懂勁後，愈練愈精，默識揣摩，漸至從心所欲……。」

　　陰陽相濟後，會陰穴（陰）會反時針氣旋，這時會帶動牽引百會穴（陽），順時針氣旋互動，由百會往下與會陰穴的氣相混合而形成一類似太極球體的一團氣，而練出太極球體，身體就處處是圈，是漩渦，呈現出黑洞現象。

　　而這黑洞就會吸引外面的氣，就像宇宙裡的黑洞一樣，這時會感覺全身鬆柔酥酥麻麻的、輕飄飄的，

非常舒服，正如太極名家——鄭曼青一生練拳的精髓
「吞天之氣，借地之力，尋人以柔。」

　　而這些都是自動的，所謂自動的就是遭受攻擊
時，地氣自然會由湧泉接地之處上來，又因身體處處
是黑洞現象，同時又吸引外面的氣也就是外氣，與本
身的內氣相結合鼓盪，形成一鼓盪勁，而鼓盪勁用於
對敵時，勁道會隨著外力的受力呈正比，受力大，則
鼓盪勁大，反之則小，真是奇妙無比。

　　練成了鼓盪勁，在推手時，就能藉著對方的來
勁，引動本身的內氣與外來的氣相互鼓盪，而這鼓盪
包含了對方的勁，本身的內勁，及外來的氣轉化為勁
三者相結合。

第三十二章

舉手投足皆是意

太極拳是一種極為奇特的武術，跟一般武術不同，所有的武術運動，都是在練力，練肌肉，以達到強壯體魄，促進健康為宗旨，而太極拳卻反其道行，捨棄拙力，要把全身的拙力卸掉，而且要卸得一乾二淨，這就是太極拳為什麼這麼難練的原因。

練武有二種意義，一為強健體魄，一為自衛止戈，一般武術因為是練力、練肌肉，而產生勁道，所以輕易練成，在短時間就可達到效果。

但太極拳要在短時間內練成幾乎不可能，年歲愈大愈難練成，一方面是骨髓密度不夠，一方面是拙力很難卸掉，因為日常生活習慣於用拙力，集了幾十年的拙力，要將它卸掉，談何容易。

太極拳強調用意不用力，更是難上加難，一般人練太極拳都認為很鬆，但是一推起手來，就使用蠻力，更不用說是用意不用力了。

所以，衡量自己是否鬆透用意不用力，推手練習不失為一種檢驗，拙力與用意的方法，推人或被人推，是否皆用意，如果推手時氣喘如牛，那肯定是用拙力、蠻力，而參加推手比賽一場比賽下來，上氣不接下氣，好像整個人虛脫似累癱的趴在地上，您想那是用意或是拙力、蠻力，答案已經出來。

一個星期練一次推手就可以，其餘時間可以練拳架，透過拳架的練習可以卸掉身上的拙力，愈練愈鬆，使自己的氣充沛於丹田，每招式的練習，有時也可用意來牽引氣的流動以及走化，等練到氣能擴散開來時，只要一個意念，就能意到、氣到、勁到。

但是，要練到這種程度，需要正確的方法及長時間的累積，不是三年五載就可練成的。這樣一路練下來，習慣於用意，勤練拳架，鬆透身體，卸掉拙力，使丹田充滿了氣，使身體有氣可用，慢慢循序漸進地進入意到、氣到、勁到的層次，然後把這模式再套進推手中。不要怕丟臉，不要愛面子，寧可被推出，也不要使用拙力，習慣養成，就會漸入佳境，達到在推手中，舉手投足皆是意的境界。

第三十三章

行住坐臥皆太極

　　太極拳的用意不用力，以及練至意到、氣到，皆及神明的功夫，不是一蹴可幾，凡成一道貴在有恒心及毅力，太極拳雖是小道，但要練至登堂入室（集其大成）恐非易事。

　　自張三豐創太極拳以來，歷代太極拳有練到爐火純青集大成者，也是廖廖無幾就可以知道太極拳有多難，正如近代太極拳名家，鄭曼青宗師集詩、書、畫、醫、拳五絕，人問其五絕之中，何者是最難，也說太極拳最難，的確如此。

　　太極拳難在與我們常人出力的方式不同，它反其道而行，要練成太極拳之前，就必須捨棄他原有的使用拙力蠻力的習慣，以及好勝好面子的個性，而進入舉手投足皆是意的境界。

　　這意的境界，帶動身體氣的牽引，流動，這氣會

隨著身體的生理需要，自動的流動，因為氣專走神經，而人體神經系統最密集的地方就是人的脊椎，也就是中醫所說的督脈，也才有武俠小說裡所說的打通任督二脈，這是很科學及合乎醫學的。

　　以任督兩脈來說，氣會自動的一天也有一二十次的流動，強調用意不用力的太極，隨時隨地都可以練，也隨時隨地都在練，一天24小時，除了睡覺，其餘的時間都是在練，達到行、住、坐、臥皆太極，將太極溶入生活之中，也就是太極生活化，生活太極化，處處用心揣摩，處處是太極，則鼓盪勁成矣。

第二篇

養 生 篇

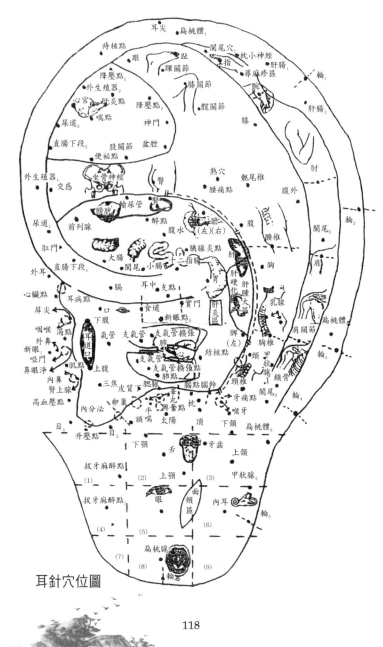

太極
鼓盪勁

耳針穴位圖

118

　　中華民族是很重視養生的民族，從《黃帝內經‧素問》，前三篇上古天真論四氣調神論，生氣通天論都是談養生，在具體內容上有精神方面、飲食起居，以及四時氣候和周圍環境的適應，以及身體的鍛鍊氣機導引等等，如能遵循著正確的方法去做，便可預防疾病，使身體時時保持在最佳狀況，延年益壽，甚至返老還童，否則勢必導致早衰，篇中指出要保持健康必須要避免外界致病因素（六滛：風、寒、濕、暑、燥、火）和防止精神內在（七情：喜、怒、憂、思、悲、恐、驚）的刺激。

　　茲節錄篇中一些對話，明瞭古人如何養生。

　　黃帝問歧伯：「余聞上古之人，春秋皆度百歲，而動作不衰，今時之人，年半百而動作皆衰…。」

　　歧伯答曰：「上古之人，其知道者，法于陰陽，和于術數，飲食有節，起居有常，不妄作勞，故能形與神俱，而終其天年…。」「今時之人不然也，以酒為漿，以妄為常，醉以入房，以欲竭其精，以耗散其真，不知持滿，不時禦神，起居無節……。」

　　以上對話，皆說明古人明瞭養生的道理，一切飲

119

食起居處處不違背大自然的規律法則，所以能活到百歲，安享天年，而現代人生活起居方式與養生方法背道而馳，如嗜酒無度，縱慾無節，妄作妄為，耗精氣傷形體等所以年才半百就已衰老。養生，是人類預防疾病，保持健康，延年益壽的有效方法，尤其是古代的醫生都是養生專家，他們把養生列為首要，例如華佗所創的五禽戲等，都是一種導引的養生術，由於正確的養生方法，可以達到不生病的目的，也就是現今最流行的預防醫學的醫療方針，傳統中醫學的上工治未病，不治已病，正是預防醫學的最佳指標。

　　每個人都懂得養生，也就可減少疾病的發生，以及健保不必要的支出費用。中醫的治病方法為1針2炙3用藥，又云藥補不如食補，食補不如氣補，所以本篇著重於養氣的功夫，氣宜直養而無害，篇中列述了12經絡和任督兩脈共十四經絡中365個穴道的名稱，常用的治療穴道，和養生保健穴道的操作運用，以及如何運用氣來打通任督兩脈，氣遍全身，以期一勞永逸，連針炙也不用，使身體由弱轉強，百病不生，無病到老，同登壽域，這是作者最大的期盼。

養生的概念

現代人生活緊張，壓力大，每天神經繃的很緊，久而久之，長期下來，使我們身體受了傷，而百病叢生，所以平常就要學習放鬆。

所謂的放鬆，就是身體、心靈的放鬆，當然養生需講究各個層面，如下所述：

①均衡的飲食：飲食宜清淡、少油、少鹽、少煎炸，不暴飲暴食七分飽即可。

②居住環境：宜空氣新鮮、無空氣污染。

③飲用水潔淨。

④有病要就醫，不要拖延。

⑤充足的睡眠以及正確的運動方式。

在此我們就以運動來做為討論的議題，常言道「要活就要動」，適度的運動，不要太過與不及，正確的運動方式有兩個條件，對身體的健康才有幫助。

①身體的脊髓要與地垂直。

②不要使心臟跳動太快。

以上兩點太極拳都做到了，先從第一點說起，身體的脊髓要與地垂直。太極拳的中正，以及收尾閭的動作，都是使我們的脊髓與地垂直，也才會有拳經所說「尾閭中正神貫頂」的效果出來，所謂神貫頂就是氣貫百會的意思。

至於第二點不要使心臟跳動太快，更是重要，因為人從出生到死亡，心臟一直跳動不止，就連睡覺，也不得休息，加速心臟的跳動，只是增加其負荷。我打一個比喻，如果人一生心臟跳動十億次的話，加速其跳動，只是在增加心臟的跳動次數，提早至十億次，反過來說是在縮短自己的壽命。

這可以從一些激烈運動，如：田徑以及跑馬拉松的選手來看，都是短命的較多，而從養生的觀點來說，違背上面所說的兩個先決條件，對身體是弊多於利的。

從另一個層次來說，選擇好的運動比常運動還重要，一般的運動依中醫的觀點，我把他分五個層次來說：

①皮屬肺，肺主皮毛，運動方式為一些有氧運

動，如跳舞……等。

②脈屬心，心主血脈，運動方式為慢跑，不是快跑，促進血液循環暢通。

③肌屬脾，脾主肌肉，運動方式為機械操或舉重，在鍛鍊身體的肌肉。

④筋屬肝，肝主筋，運動方式為拉筋之類的運動，如瑜伽等。

⑤骨屬腎，腎主骨，運動方式為太極拳以及氣機導引等。

這五個層次以第五項最難，對身體幫助最大，養生最好的方法就是練氣，養氣，氣宜直養而無害，它能提高人體的免疫力，增加身體的能量，達到脫胎換骨，改善身體，由弱轉強的效果。因為練氣入骨，可以使我們的骨質密度不易流失，且氣專走神經系統，而我們身體神經最密集最多的地方是脊椎，這就是中醫針灸的督脈。

人的身體就好像是銀行的帳戶一樣，而練氣、養氣的功夫，就是把錢存入銀行，愈存愈多，要用的時候，再去提領，真是百利而無害，但如選擇傷氣、耗

力的運動方式，就等於是從銀行一直提領出來，直至銀行存款歸零。

有些馬拉松選手，為了勝利常有到達終點而暴斃，也時有所聞，這就是心臟的負荷太大所致。

練太極拳的場地，最好是選擇大自然樹木與空氣好的地方，在森林瀑布邊，更是絕佳，因為森林瀑布濺開來的陰離子充滿於空氣中，常超過萬個單位以上，一般城市的陰離子最多約每立方公分30個，兩者相差甚多，而維持人體每日健康需要平均為700個左右。

打通任督兩脈談養生

健康的核心在於能量的活性化。能量，就是一種「氣」的生命力能量。這個能量潛藏在體內。

人體內最能敏感的感覺到「氣」的就是手。很多的氣功家會從手發出氣，而一些氣的專家，光是用手罩住患部，就能夠治好對方的患部。

人的壽命根據計算應該是一百二十年。然而大部份的人因為氣不足，導致身體的機能減退，而加速了老化。

任督兩脈，多麼熟悉的字眼，相信每個人都耳熟能詳，尤其對於習武者，更不陌生。武俠小說裏所描述的武功高強人物，都是打通任督兩脈的高手，更是添加了它的神秘感。

現在讓我們來揭開它的神秘面紗，它並不是那麼遙不可及，也不是武俠小說所說，需要有慧根的人才能打通，只要方法正確，再加上勤練，有恆心不間斷，每個人都可以練成。

　　任督兩脈從中醫針灸的經絡來談，它剛好在身體前後的中間線，即脊椎，前後共計有33個穴，從西醫的解剖來看，它是身體最重要的支柱，佈滿了神經，連接身旁的肋骨，任督兩脈如果暢通，則能帶動改善五臟六腑健康的良性發展，減少許多病痛的發生。

　　所以，古代武功高強的練武者，都是長壽居多，超過100歲的有開創太極拳的張三豐祖師爺，寫拳經的王宗岳宗師，以及近代的吳圖南大師，以台灣的長輩來說，王晉讓、鞠鴻賓、王尊皋，都超過90歲，從養生的觀點來說是無庸置疑的。

督 脈

佈滿神經的督脈，督脈共計有28穴，其穴位名稱見129頁督脈圖。督脈有一些穴道位置是要知道的。長強穴位於尾骶骨尾端，呈倒三角形，這是打通督脈的第一關，因為狹窄，所以才會有氣斂入骨的字眼，從會陰來的氣，在此收斂進入尾骶長強穴，所以是最難打通的穴道，通三關的第一關，此關打通，其餘的二關就垂手可得。

讀者也許會存疑，為何氣會打通督脈，因為氣專走神經系統，而督脈脊椎是身體神經系統的總樞紐，佈滿了神經，所以氣會打通督脈其理在此。

督脈的百會穴位於頭頂端，為身體最高位置與任脈的會陰穴遙遙相對，尾閭中正神貫頂的頂部，即指百會穴，也稱泥丸宮，這脊髓支柱一旦發生嚴重傷害，人多半要在輪椅上度其餘生，因為人的頸子以下，各部份的活動都要靠脊髓這支柱的通訊神經系統，來傳達千百萬個信號，31對由脊髓分出的神經，

大約一半是感覺神經，其餘是運動神經。

整個脊髓的構造由頸椎開始算起至尾骶尖端共計有33椎，敘述如下：

頸椎有7節，支撐我們的腦袋，使其能前後俯仰，並且能左顧右盼180度轉動，其結構真是鬼斧神工、神奇無比，世上少見。

往下其次是胸椎，有12節，肋骨就生在這些胸椎上，將身體重要的器官環抱著，免受外力撞擊，並支撐著整個身軀，督脈其氣的走向，由尾閭長強穴的第一關，經過夾脊穴第二關，來到大椎穴，會感覺一股涼涼或溫溫的氣，然後進入腦戶枕骨的玉枕處停頓一下，從後腦進入到玄關（兩眉尖上額頭），往上至泥丸宮即百會，至此督脈的最頂端，再往下來到齦交穴與任脈會合，任督兩脈一般都是督脈先通，然後任脈才會通，之前有提到，因為氣專走神經而督脈脊髓是神經的總樞紐。

督脈穴道歌訣

督脈中行二十七，長強腰俞陽關密，

命門懸樞接脊中，筋縮至陽靈台逸，

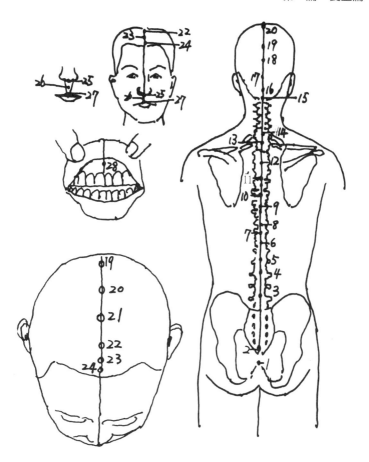

1.長強2.腰俞3.陽關4.命門5.懸樞6.脊中7.中樞8.筋縮9.至陽10.靈台

11.神道12.身柱13.陶道14.大椎15.啞門16.風府17.腦戶18.強間19.後

頂20.百會21.前頂22.囟會23.上星24.神庭25.素髎26.水溝27.兌端

28.齦交

督脈圖

神道身柱陶道長，大椎平肩二十一，
啞門風府腦戶深，強間後頂百會率，
前頂囟會上星圓，神庭素髎水溝窟，
兌端開口唇中央，齦交唇內任督畢。

經穴走向：

脈起下極之腧，並於脊裏，上至風府，入腦上巔循額至鼻柱，屬陽脈之海。

督脈起於兩陰之間的會陰穴處，循長強腰俞過臀部，行於脊柱之內，上陽關、命門懸樞、脊中……越風府入於腦，循腦戶強間後頂上行至百會穴，經過前頂囟會上星出髮際，繼下行至鼻端素髎，歷水溝兌端，止於齦交。

督脈是道家內功最主要的經脈，也是太極拳通三關的經脈所在，其重要穴道為長強、命門、脊中、靈台、大椎、腦戶、百會、其中長強、脊中、腦戶旁玉枕骨處為三關的穴道。

長強：在尾骶骨最下緣內側（尾骨下端5分處）。

【**主治**】痔瘡、痔瘻、肛門腫痛，腸風下血。配承山，治痔疾，配百會有促進直腸收縮作用。

【手法】針7分，扎對穴會自然掉眼淚。按壓，輕按可緩腸瀉。

陽關：在16椎下（在第四腰椎部）。

【主治】腰神經痛，一切腦脊髓病，坐骨神經痛。

命門：在14胸椎下凹陷處，肚臍的正後方。

【主治】一切腦脊椎病，腰背不能彎曲，四肢痙攣，老人多尿，一切男性病，腦神經衰弱。

【主治】配腎俞治腰痛如神，又可治老人遺尿用灸。配三陰交治遺精。

【手法】按摩或用灸。

大椎：在第七頸椎棘突下凹陷處。

【主治】高熱不退（配後谿、曲池、合谷）頸項強，一切腦病、脊椎病。

【手法】按摩、灸法。

啞門：穴位介於風府與後髮際之中點。

【主治】聲啞、聾啞，為回陽九針之一。

【手法】按摩。

風府：穴位在頸項部入髮際正中直上一寸（在腦後正中央線正當枕骨下緣四陷處）。

【主治】感冒、頭痛、頸項強、四肢筋衰、腦中風、巴金森氏症，本穴配風池可治風寒。

傷寒論：太陽病、初服桂枝湯，反煩不解者，先刺風池、風府。

百會： 穴位從前正中央線與兩耳尖聯線之交點。

為百脈所朝會，故謂之百會為手足三陽經與督脈共七條經之交會穴。

【主治】頭痛眩暈、中風、神經羸弱、腦貧血，配手三里，治腦貧血，本穴放血是腦溢血的特效穴。灸本穴可降血壓，為中風七要穴之一（百會、曲鬢、肩井、曲池、風市、足三里、絕骨）。治療腦膜炎，可刺百會、風府、大椎、陶道、天樞以及十宣放血。百會放血主腦充血，中風不語、半身不遂。

【手法】按摩法。

氣貫督脈方法：

①拉湧泉地氣至會陰。

②收尾閭氣由會陰往長強穴而上至玉枕骨。

③由玉枕骨入玄關（兩目之間的上方）上百會。

任　脈

　　貫穿心窩膻中及腹部的任脈，任脈計有24穴，即會陰、曲骨、中極、關元……神闕、膻中、玉堂、紫宮、華蓋、璇璣……承漿。任脈有些重要穴道的位置要知道：

1.會陰穴

　　會陰穴位於人體肛門和生殖器的中間凹陷處。是人體長壽的要穴。即陰經脈氣交會之所。

　　會陰穴又名海底穴，道家稱陰竅，又稱海底輪，人在溺水時以及大小便不通時就要扎此穴道，當氣沉丹田之際，就會落會陰穴然後再下湧泉，而我們在轉身上的兩個圈時，會帶動會陰穴氣旋反時針方向（見前拙作《太極內功養生心法》）

2.關元穴

　　關元穴，其位置在臍下3寸，取穴方法用四個手指，小、無名、中、食指併攏，從肚臍往下量即是。

　　這個穴道習武者沒有人不曉得，那就是氣沉丹

田的丹田 這是古人練氣的最重要的穴道，當人打拳套，全身放鬆氣就沉入丹田，不是用意來導引的，而這穴道是一保健強壯穴道，一般是用艾條灸的，可以改善男性的性功能衰退，而在武術應用上，更是重要，因為身上所有的氣都會沉丹田，太極球體的形成也是在此完成。

3.神闕穴

神，神氣；闕，門樓、牌樓。意指神氣通行的門戶。神闕穴，就是我們所說的肚臍，有胃寒的人常溫灸此穴，可以改善虛寒症狀，這也是保養，強壯身體的穴道，而在氣的運用上所有的氣沉入丹田之後，它會進入肚臍，也就是氣氣歸臍而形成一丹田，肚臍混合的太極球體。

4.膻中穴

膻中穴，也就是心窩處，前面所說的湖面石塊起漣漪，指的就是膻中穴，因位處心臟，心臟是一個中空的實質器官，略作圓錐形，其大小與自己的拳頭相當，由肌肉組織和結締組織所組成，肌肉組織或心肌是心臟的主體，而結締組織是心瓣膜，纖維架及

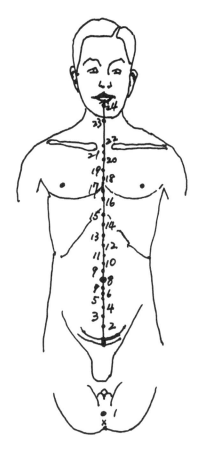

1.會陰2.曲骨3.中極4.關元5.石門6.氣海7.陰交8.神闕9.水分10.下脘

11.建里12.中脘13.上脘14.巨闕15.鳩尾16.中庭17.膻中18.玉堂19.紫

宮20.華蓋21.璇璣22.天突23.廉泉24.承漿

任脈圖

135

心包膜等結構的主要成份（見周先樂《大學生理學》P235）其位置位於胸骨之後面，介於胸腔兩雙肺之間，斜斜的偏向左側，心尖朝下，上有大血管、主動脈、上腔靜脈、肺動脈，側面有左右肺，左肺蓋在心臟側，前面有胸骨，肋骨保護著，而心臟以一種肌肉組織俗稱中膈而分成左右二部，左右邊又有心瓣膜將其分為上下腔，上腔稱為心房，下腔稱為心室，因此心臟有四腔，如下，即右心房、左心房、右心室和左心室。

這是心臟的簡略結構與位置。

其功能在於維特血液連續不斷的在體內循環，心臟像一個水泵，永不停歇的工作，其作用是週期性的收縮與舒張供給體內的血液循環川流不息，以維持人體的生命，心臟一停止，生命即告中止。

膻中穴上有一陽維點，位於主動脈上，把心臟血流量轉變成壓力波，而這個壓力波就是氣，這是前頂心窩，滾動太極球體用膻中穴上方的陽維點處頂出去，用來攻擊對方的主要穴道（見前拙作《太極拳內功養生心法》）。

任脈經穴歌

　　任脈三八起會陰，曲骨中極關元銳，

　　石門氣海陰交仍，神闕水分下脘配，

　　建里中上脘相連，巨闕鳩尾蔽骨下，

　　中庭膻中慕玉堂，紫宮華蓋璇璣夜，

　　天突結喉是廉泉，唇下宛宛承漿舍。

任脈循行路線：

　　脈起中極穴之下的會陰穴，由此上行經曲骨，上毛際，循腹裏，上關元，至喉嚨的廉泉，再向上抵頤循面，止於承漿，終於舌都，會承泣而終（屬陰脈之海，以人之脈絡，周流於諸陰之分，譬猶水也，而任脈則為之總會，故曰陰脈之海）。

　　任脈與督脈是道家與練武者很重要的經脈，氣要先通三關也就是要先通脊椎的督脈，然後由百會下行經任脈到會陰，完成一任督兩脈相通的小周天，爾後氣才會擴散至全身12經脈。

　　任督兩脈的一些穴道也是道家極為重要的內功關竅，其穴位為會陰、氣海、關元（丹田）、神闕、中脘、膻中、璇璣（陽維點）。

會陰：穴位於兩陰大小便之間。

【主治】小便不利、遺精、陽痿、月經不調、陰腫痛，一切生殖器官之疾病，為急救之穴道，對中風、猝死，以及溺死者急救之。

【手法】可刺5～8分或強壓。

曲骨：穴位在臍下5寸（在恥骨上緣正中央凹陷處）。

【主治】遺精、淋病、月經不調、痛經、帶下。

【手法】按摩，本穴為肝經與任脈之交會穴，蓋肝經之脈系入陰中，環繞陰器而抵小腹與本穴會合。

產後子腸不收，用蓖麻子去殼，搗爛塗頂心即收。

頭痛頭風針百會。

刺百會督脈上腰部的壓痛會消失。

三才穴：天（百會）、地（璇璣）、人（湧泉）。

【手法】按摩，輕揉法。

素髎：穴位在鼻端準頭。

【主治】酒渣鼻（鼻子通紅）鼻塞。

【手法】按摩、輕揉。

水溝：一名人中，為13鬼穴之一，督脈手足陽明脈之會，為急救之要穴。

穴位在鼻子下一分處。

【主治】一切休克昏迷，四肢痙攣，急慢性驚風，游泳抽筋，插人中。

顏面浮腫刺之水出。配委中治腰膝閃痛，配大陵治口臭。配中衝救暈針，配水分可利尿。靈光賦：水溝間使治邪病。百症賦：面腫虛浮，水溝前頂。玉龍歌：腰脊背瀉人中。

玉龍賦：人中、委中，腰脊閃痛。

【手法】用手指重按。

氣通督脈方法：

①轉圈拉氣至會陰收尾閭通三關至玉枕往玄關通百會。

②打拳架。

關元（又名丹田）：穴位在臍下3寸（下針時吸氣，慢慢進針，呼吸停止）。

【主治】泌尿生殖器疾患之腎炎、遺精、慢性子宮病（婦人、帶下、經水不通、不妊、月經不調、陰

冷、陰癢等）本穴配石門，可治腎臟癌，虛喘宜灸關元，腎俞足三里，攝護腺炎宜取關元，長強、復溜、大敦，配三陰交治遺尿。配大敦治汕氣。糖尿痛在治療上宜灸關元，氣海，足三里，腎俞。人身精氣藏於本穴，為人身始受元氣。經云：臍下腎間之氣，乃人之生命12經之根本。

【手法】用灸法並按摩。

氣海：穴位、臍下1.5寸

【主治】一切氣病為利尿減肥要穴，腸疝病，腸出血，神經羸弱，月經不調，子宮出血。氣海為元氣之海，關元為三陰任脈之會藏精之所，中極為足三陰及任脈之會，為求嗣之要穴。配天樞、溫下元，補真氣，振腎陽治療腸寒凝結，腸病或子宮病本穴會有壓點。配陰交治白濁遺精。

【手法】灸之或按摩。

陰交：穴位在臍下一寸。為諸陰徑之交會穴，故謂陰交。

【主治】一切男女生殖器官之疾，月經不調。

【手法】針灸或按摩。

神厥：穴位即肚臍。

【主治】慢性腸炎下利（腹中虛冷，泄瀉不止）腸雷鳴。

臍中痛泄瀉灸本穴。

【手法】用艾灸、不可針。

水分：穴位在臍上一寸。

【主治】水腫，腹部膨脹，一切水病，水腫病。

水腫病：①陽水——疏鑿飲，舟車飲。

②陰水——實脾飲。

③肝硬化腹水——龍膽瀉肝湯。

④心瓣膜障礙之腹水病——變製心氣丸。

⑤腎臟性水腫（雙腿浮腫）——越婢加木湯，豬苓散。

⑥膝關節水腫無力——木防已湯，防己黃耆湯。

【手法】艾灸

中脘：穴位臍上四寸（一名太倉胃脘）。

【主治】一切胃病（胃炎、胃下垂、胃潰瘍、胃出血等），為八會穴之一，回陽九針之一。由於胃、大小腸、膽、膀胱、三焦之氣聚於本穴，且又為中焦

的中心，胃之募式，故為回陽九針之一。

八會穴：

①臟會章門（肝經）。

②腑會中脘（任脈）。

③脈會太淵（肺經）。

④氣會膻中（任脈）。

⑤血會膻中（膀胱）。

⑥筋會陽陵泉（膽經）。

⑦髓會絕骨（膽經）。

⑧骨會大杼（膀胱經）。

本穴為胃痙特效穴，配足三里亦為急性腸胃炎之特效穴。本穴亦可治療瘧疾，凡中寒宜灸中脘、神闕、氣海。

配天樞或上脘可治腸中氣滯，配內關、公孫，可治九種心痛，對胃病亦治之。

胃癌治法：配內關足三里，下脘、上脘。靈光賦：中脘、下脘治腹堅。

雜病穴歌：霍亂中脘取。

【手法】輕按摩。

膻中：穴位於兩乳之間，又名上氣海。

【**主法**】本穴為任脈、脾腎、三焦、小腸之會穴，心包絡之募穴，主治範圍很廣，有寬胸利膈，降氣和中之功，為八會穴之氣會，心臟病，肋間神經病，氣喘病（配合谷、內關，足三里，豐隆）。

【**主法**】用灸比較安全（扎針要注意心臟針三分，由下往上沿皮扎）輕按摩。

中庭、膻中、玉堂、紫宮、華蓋，氣喘病可灸上五穴。

天突：內位在胸骨上緣正中央，正當兩鎖骨尖中央凹陷處。

【**主法**】氣喘病，喉間有痰響聲，失音，扁桃腺炎，配膻中或豐隆可治哮喘，配肩井、曲池可治甲狀腺肥大。

【**手法**】輕壓法。

承漿：在下唇下巴正中央凹陷處。為胃、大腸經，任督兩脈之會。

【**主法**】顏面神經麻痺（口眼歪斜）下齒疼痛。

玉龍歌：頭項強痛難回顧，牙疼並作一般看，先

143

向承漿後風府。

氣貫任脈方法：

①轉圈。

②打拳架。

③將意由百會往下至會陰。

④亦可由會陰往上（但要功力深厚，氣為真氣才可，否則心臟會有不適感）。

手太陰肺經

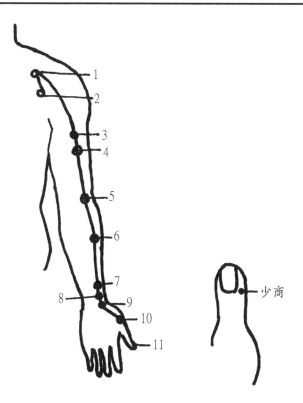

1.中府2.雲門3.天府4.俠白5.尺澤6.孔最7.列缺8.經渠

9.太淵10.魚際11.少商

手太陰肺經圖

145

此經有11穴，左右共22穴，起中府，終少商，其穴名為雲門、中府、天府、俠白、尺澤、孔最、列缺、經渠、太淵、魚際、少商。

寅時至此經（凌晨3點至5點）肺主氣，古人常於此時辰起身練功，聚氣一般只要打通任督兩脈小周天之後，氣自然會貫穿全身經脈，也就是俗稱的大周天，我們練功首先要認識經絡的走向，然後再認識穴位的名稱及位置，因人的身體骨骼，肌肉，身高每個人都不同，所以在取穴的位置上，難免會有誤差，但是經絡循行的絡線位置一定要拿捏準確，這就是針灸學裡所說的「寧失其穴，勿失其經」。

氣：

①宗氣：榮氣，衛氣。

②胃氣：人無胃氣必死。

③腎氣：即腎間動氣，丹田命門之氣。

經穴走向：

肺經脈起中焦胃，下絡大腸循胃口貫膈絡肺，出缺盆，上至咽，循臂內廉出肘彎，經撓骨尖上魚際出大指，指甲內側端。其支者從腕後列缺穴，直出次指

內廉出其端交手陽明大腸經。

症狀：此經是主肺所生病者，一切肺疾，喘咳、缺盆中痛，上氣喘，渴煩心胸滿氣盛，有餘則肩背病虛則肩背病寒，少氣不足以息。

此經有些穴位了解一下，可以作為自身保健之用。

少商：穴位在大拇指指甲內側距指甲一分處。

【劑量】用三稜針放血（微出血即可）。

【主治】咽喉炎、扁桃腺發炎、咳、發熱。此為12井穴之一，凡初中風，卒暴腎沉，牙關緊閉，藥水不下，急以三稜針刺此穴與諸井穴，使氣血流行，乃起死回生急救之要穴。

針灸大成：《導引本經》肺為五臟之華蓋，聲音之所出，皮膚賴之而潤澤（肺主氣，主皮毛）人惟內傷七情（喜、怒、憂、思、悲、恐、驚）外感六淫（風、寒、濕、暑、燥、火）而呼吸出入不定，肺金於是乎不清，然欲清金，必先調息，息調則動患不生，而心火自靜，一者下者安心，二者寬中體，三者想氣遍毛孔出入，通用無障而使心靜，蓋息從心起，

心靜氣調，息息歸根。

《祕法云》行住坐臥常噤口，呼吸調息定音聲，甘津玉液頻頻咽，無非潤肺，使邪火下降，而清肺會，肺疾癒也。

尺澤：穴位在手肘關節上之橫紋中正當大筋外凹陷處。

【劑量】針三分或放血（清熱解毒）。

【手法】按壓法。

【主治】扁桃腺炎。

孔最：穴位從尺澤下3寸與尺澤往外斜45度之交點（為郄穴，為氣血深集之處）。

【劑量】針3分灸五壯。

【手法】按壓法。

【主治】痔瘡有效。

列缺：穴位為兩手自然交叉食指盡尖處，撓骨骨隙間凹陷處。

【劑量】針3分。

【主治】頭面諸疾，為肺經之絡穴，為四總穴之一，為八脈交會穴之於任脈。

四總穴歌

肚腹三里留，腰背委中求，

頭項尋列缺，面口合谷收。

古經醫統：灸七壯，治牙痛立止。

氣貫肺經方法：

①轉圈（身體陰陽的平面圈轉為立體的漩渦圈，見前拙作《太極內功養生心法》）。

②意在肩井落湧泉，而後氣自動會由丹田擴散到雙手。

③由膻中藉由起勢膨脹球體招式（見前拙作《太極內功養生心法》光碟片），將氣由膻中穴，擴散到雙手臂。

④由督脈脊椎尾骶骨之長強穴通三關經由百會往臉部膽經下肩井穴擴散至手臂。

⑤打拳架。

手陽明大腸經

此經有20穴，左右共40穴，受之於手太陰肺金，起商陽終少商，其穴名為商陽、二間、三間、合谷、陽谿、偏歷、溫溜、下廉、上廉、手三里、曲池、肘髎、五里、臂臑、肩髃、巨骨、天鼎、扶突、禾髎、迎香。

卯時至此經（早晨5時至7時）與肺經為表裡經，是大腸蠕動較頻繁的時刻，所以利於排便，要養成在這時間排便的習慣。

經穴走向：

其脈起於大指，次指之端，循指上廉出合谷兩骨之間，上入兩筋之中，循臂上廉，入肘外廉，上肩，出髃骨之前廉，上出柱骨，下入缺盆，絡肺，下膈，屬大腸，其支者，從缺盆上頸貫頰入下齒中還出挾口，交人中穴，上行於鼻孔兩側，循禾髎，迎香，而交於足陽明胃經。

症狀：

是主津液所生病為目黃、口乾、鼻流清第或出

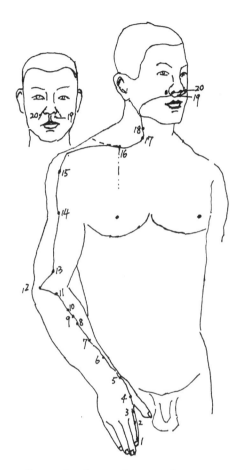

1.商陽2.二間3.三間4.合谷5.陽谿6.偏歷7.溫溜8.下廉9.上廉

10.手三里11.曲池12.肘13.五里14.臂臑15.肩髃16.巨骨17.天鼎

18.扶突19.禾髎20.迎香

手陽明大腸經圖

151

血，喉中腫閉，肩前與腰內作痛，大指次指疼痛不能動，是動病為齒痛，頸間腫大。

此經有些穴道可以自身作為保健之用。

商陽：穴位在食指端內側爪甲二分許當赤白肉際。為十二經井穴之一。

【劑量】針一分或放血。

【手法】按摩，可通便祕。

【主治】本穴最宜用三稜針微刺出血可治頭面諸般發炎症，如：口乾、齒腫痛、耳鳴、喘咳等。

合谷：一名虎口，在食指、大拇指，叉骨間陷中，即第一掌骨與第二掌骨之凹陷處，用力按之必覺酸、脹難忍。為大腸經之原穴。脈之所過為原，原勢如水之源地，是為增強自然治癒力的要穴，為四總穴之一（面口合谷收，即一切頭面之疾有特效）。

【劑量】針五分。

【主治】頭面諸疾，如：齒病、口噤不開、喉痺、頭痛等用力按壓。

本穴為身體反應最大刺激點，古人列為回陽九針之一。孕婦忌針灸。

曲池：穴位在肘關節骨邊，屈肘橫紋之外頭陷凹中。

【劑量】針8分。

【主治】為清熱解毒之特效穴（可配合血海、三陰交）灸比針好，一切皮膚病。配合肩井為治療預防中風的特效穴，宜各灸百壯。配合合谷穴治頭部諸疾，兩手不如意。

迎香：穴位從鼻端作一水平線與笑溝之交點。

【劑量】針3分垂直下針或由下往上扎，不宜灸。

【主治】鼻塞不聞香臭，風動面癢，如有蟲行。配足三里治鼻塞有效。

氣貫大腸經方法：

①轉圈（見前拙作）。

②收尾閭（尾閭中正神貫頂）通三關路徑為尾閭→夾脊→玉枕→玄關（兩眉心中之上額）→百會→百會兩側→臉頰→頸部兩側→兩肩→兩手臂→兩手兩掌心勞宮穴。

③打拳架。

足陽明胃經

　　此經有45穴左右共90穴，受之於手陽明大腸經，起於頭維、終於厲兌，其穴名為頭維、下關、頰車、承泣、四白、巨髎、地倉、大迎、人迎、水突、氣舍、缺盆、氣戶、庫房、屋翳、膺窗、乳中、乳根、不容、承滿、梁門、關門、太乙、滑肉門、天樞、外陵、大巨、水道、歸來、氣衝、髀關、伏兔、陰市、梁丘、犢鼻、足三里、上巨虛、條口、下巨虛、豐隆、解谿、衝陽、陷谷、內庭、厲兌。辰時至此經（早晨7時至9時）。

　　經穴走向：

　　內經曰：胃者，倉廩之官，五味出焉、五味入口藏於胃、以養五臟氣，胃者水穀之海，六腑之大原也，是以五臟六腑之氣味皆出於胃。

　　起於鼻交頞中──→過目內眥──→入上齒──→環唇交承漿──→上額顱──→循髮際──→過客主人上耳前──→循頰車──→出大迎──→下人迎──→入缺盆

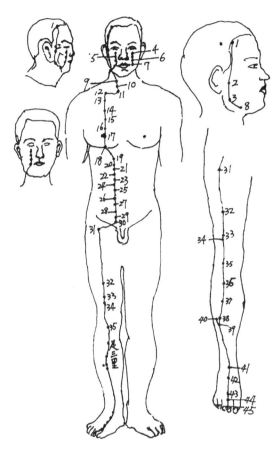

1.頭維2.下關3.頰車4.承泣5.四白6.巨7.地倉8.大迎9.人迎10.水突11.氣舍12.缺盆13.氣戶14.庫房15.屋翳16.膺窗17.乳中18.乳根19.不容20.承滿21.梁門22.關門23.太乙24.滑肉門25.天樞26.外陵27.大巨28.水道29.歸來30.氣衝31.髀關32.伏兔33.陰市34.梁丘35.犢鼻36.足三里37.上巨虛38.條口39.下巨虛40.豐隆41.解谿42.衝陽43.陷谷44.內庭45.厲兌

足陽明胃經圖

太極
鼓盪勁

本經有些穴道了解一下可以作為養生保健之用

頭維：穴位在兩額角入髮際正當神庭旁開4.5寸

【劑量】針3分、禁灸。

【主治】前額神經痛、頭風、頭痛、目風淚出、本穴具有疏風清熱之功，為治療目疾的特效穴，用雙手按摩此穴可減緩頭風痛。

下關：穴位在耳前約1寸，正當顴骨下緣凹陷處，口合有空，口張則閉。

【劑量】針6分。

【主治】顏面神經麻痺，口眼歪斜、齒痛、牙齦腫。

頰車：穴位在耳下8分（上下牙床交界處）張口現凹，咬緊有口嚼肌彈起。

【劑量】針5分。

【主治】同下關。

天樞：穴位在肚臍旁開2寸。

【劑量】針5分至1寸（灸或按摩）。

【主治】腹痛泄瀉、一切胃腸痛。

水道：穴位在關元丹田穴旁開2寸。

【劑量】針3分。

【主治】一切腸疾、月經不調、不孕症（用灸）為利尿要穴。

梁丘：穴位在膝上2寸，陰市下1寸間。

【劑量】針5分。

【主治】止腹瀉、胃痛的特效穴。

足三里：穴位在膝蓋外膝眼下3寸（用自己橫排4指即是3寸，在由此處脛骨外側約一寸，有一隆起之筋，按之則筋分開其溝中是穴）這是有名的保健穴。

【劑量】針1寸或灸。

【主治】一切胃疾為美容、健身、健骨、虛弱之穴，為四總穴之一，其歌曰：肚腹三里留，腰背委中求，頭項尋列缺、面口合谷收。

亦是馬丹陽天星12穴之首穴，其歌曰：三里內庭穴，曲池合谷接、委中承山配，太衝崑崙穴，環跳與陽陵，通里並列缺。

灸比針更佳，常灸此穴可延年益壽。本穴有鎮靜作用，對全身影響很大，所以為回陽九針之一。

凡人未中風時，在一、二月前或四、五月前，常

感足脛之上，酸重麻痺，此乃中風之兆，常灸此穴可預防中風。

打呃不止，灸此穴即止（筆者常用此穴灸打呃不止，屢試屢驗）。

配陰陵泉治小便不通。

配行間、合谷、曲池可以降血壓。

配支溝可治大便閉結。治氣上壅。

氣貫胃經方法：

①收尾閭通三關由百會循任脈至玄關（兩眉間上方）用意，將氣擴散至整個臉部。

②打拳架。

③膨脹太極球體擴散至全身。

④由湧泉將氣提至會陰，此時大腿從厲兌穴至髀關穴15個穴道，整個大腿會膨脹擴散。

足太陰脾經

足太陰脾經歌訣：

二十一穴脾中州，隱白在足大趾頭，

大都太白公孫盛，商丘三陰交可求，

漏谷地機陰陵穴，血海箕門衝門開，

府舍腹結大橫排，腹哀食竇連天谿，

胸鄉周榮大包隨。

足太陰脾經，簡稱脾經。此經有21穴，左右共42穴，起於隱白穴，終於大包穴。

穴道名稱：隱白、大都、太白、公孫、商丘、三陰交、漏谷、地機、陰陵泉、血海、箕門、衝門、府舍、腹結、大橫、腹哀、食竇、天谿、胸鄉、周榮、大包、左右共42穴。

經脈循行路徑：

脈起大指之端，循指內側白肉際、過核骨（第一蹠趾關節）後，上內踝前廉、上腨（腿肚）內，循脛骨後，交出厥陰之前，上循膝股內前廉，入腹，屬脾

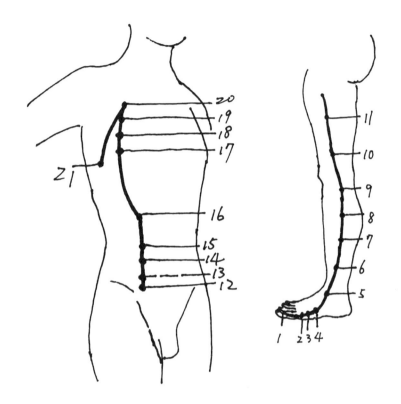

1.隱白2.大都3.太白4.公孫5.商丘6.三陰交7.漏谷8.地機9.陰陵泉10.血海11.箕門12.衝門13.府舍14.腹結15.大橫16.腹哀17.食竇18.天谿19.胸鄉20.周榮21.大包

足太陰脾經圖

絡胃。上膈挾咽、連舌本，散舌下，其支者，復從胃別上膈，注心中。

巳時（早晨9時至11時）氣血注此。

中醫認為脾主運化，為後天之本，對於維持消化功能及將食物化為氣血起著重要的作用。如果脾經出現問題，會出現腹脹、便塘、胃腕痛、噯氣、下痢等。

隱白：穴位在足大趾，趾甲內側距趾甲一分處。

【主治】婦人月經過時不時，白天嗜睡、多夢。

三陰交：穴位在內踝尖上3寸（四橫指即為3寸）。

【主治】一切婦科病以及男性生殖器之患者的主要穴道，孕婦忌針灸。為足太陰脾、足少陰腎、足厥陰肝三經之交會穴，所以可治肝、腎、脾之疾，配中極，血海穴灸之催經有效。

【劑量】3針8分至1寸。

陰陵泉：穴位在膝關節內側正當脛骨下緣的凹陷處。

【劑量】針1寸，透陽陵泉（由陽陵泉下針透陰陵泉）。

【主治】小便不利或失禁、遺精、膝痛（陽陵泉透陰陵泉）。

血海：穴位在自然張開五指，醫者以右掌心，按住病患左膝蓋，其大拇指所按之處。

【主治】為血之海，主一切血病，一切婦科病，月經不調，用灸比較多（灸之可以去黑斑）。

食竇：穴位在乳旁2寸，在下1寸6分。

【主治】用灸多，可治肝病，肋間神經痛。

氣貫脾經方法：

①轉圈。

②打拳架。

③氣落湧泉從隱白穴至箕門穴均可打通。

④由丹田膨脹太極球體擴散開來，衝門穴至周榮穴均有氣流過。

手少陰心經

此經有9個穴道左右共18個穴道。

其歌訣如下：

> 九穴午時手少陰，極泉青靈少海深，
>
> 靈道通里陰郄遂，神門少府少衝尋。

此經起極泉終於少衝。

本經受之於足太陰脾經，起心中，出屬心系，下膈，絡小腸。其支者，從心系上挾咽，進入眼球內眥。另一直行支脈，從心系上行肺部，下循臑內後廉，從手太陰肺經，下肘內廉，循臂內後廉，抵掌後銳骨之端，入掌內後廉，循小指之內，出其端。

午時（11時至13時）氣血注此。

本經的是動病，所發生之病變為喉嚨乾燥，心痛、口渴欲飲，脅肋疼痛，掌心熱病。

少海：穴位在手肘關節尺骨內上緣凹陷處內側。

【**主治**】手肘關節痛，配手三里治兩臂麻木，配天井治瘰癧（淋巴腺結核）。

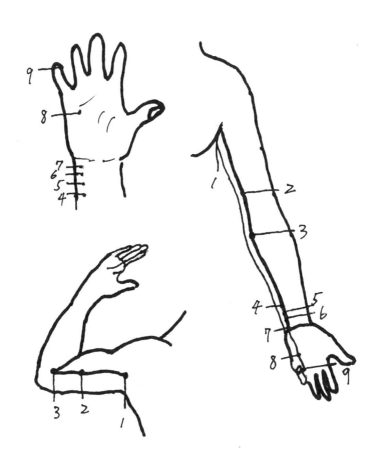

1.極泉2.青靈3.少海深4.靈道5.通里6.陰郄7.神門8.少府9.少衝。

手少陰心經圖

164

本穴為治療耳鳴特效穴，可配翳風、聽會、聽宮、滑肉門。

席弘賦：心疼手顫少海間，若要除根覓陰市。

通里：穴位在腕側後側一寸（神門直上一寸尺骨上大筋下）。

【劑量】針3分。

【主治】腕臂疼痛心悸、失音。配大鐘穴治療脾土健運失常的特效穴。

陰郄：穴位在通里下半寸去腕五分；在神門直上五分，正當筋下與尺骨之間。心經之郄穴。

【劑量】針五分。

【主治】心臟麻痺之急救，心絞痛，心悸配合谷、勞宮可治、手心、足心、冒汗。

【用藥】

①五苓散—上焦水、豬苓散—下焦水。

②陰虛自汗—牡蠣散（午睡起床冒汗）。

陰虛盜汗—柏子仁湯（晚睡起床冒汗）。

神門：穴位在掌後橫紋盡處，正當豆骨後緣盡處筋骨間凹陷處（大筋下、尺骨上）。為心經原穴。

【劑量】針3分。

【主治】本穴有鎮靜調節內臟器官作用，為治療神經衰弱及心臟病、狹心症的特效穴。

少衝：穴位在小指指甲內側距指甲一分處，為12井穴之一。

【劑量】針1分或放血。

【主治】心臟麻痺之休克或肝昏迷，中風腦震盪之昏迷。

氣貫心經方法：

①轉圈。

②由膻中穴藉由起式膨脹球體招式，將氣由膻中穴擴散至手臂。

③打拳架。

手太陽小腸經

本經起少澤，終聽宮，多血少氣，未時注此（下午1點至3點）凡19穴左右共38穴。

主治一切小腸諸疾、消化系統；五官科一切肩背酸痛；一切熱症。

其穴名為少澤、前谷、後谿、腕骨、陽谷、養老、支正、小海、肩貞、臑俞、天宗、秉風、曲垣、肩外俞、肩中俞、天窗、天容、顴髎、聽宮。

少澤：穴位於小指外側，距指甲角一分處，為12井穴之一。

【劑量】針一分或放血。

【主治】乳腺炎、乳閉、產後婦人無乳，高熱不退，為一切休克昏迷之急救穴。

本穴放血可解除喉痛。

後谿：穴位在小指本節後凹陷處筋骨間。

【劑量】可針八分。

【主治】退熱要穴，耳鳴、耳聾、肩背痛、頸項

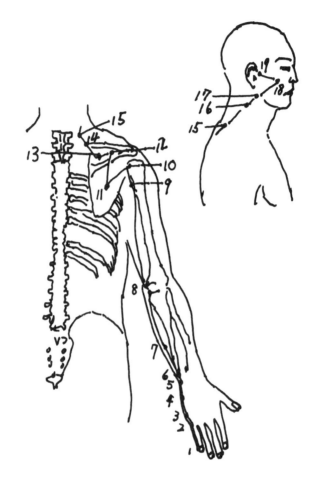

1.少澤2.前谷3.後谿4.腕骨5.陽谷6.養老7.支正8.小海9.肩貞10.臑俞
11.天宗12.秉風13.曲垣14.肩外俞15.肩中俞16.天窗17.天容18.顴髎
19.聽宮

手太陽小腸經圖

強、落枕，配申脈主治從頸項至尾骨酸痛，為奇經八脈交會穴之一。

奇經八脈與十二正經之交會點

照海通陰蹻所以照海可治陰蹻之疾。

申脈通陽蹻所以申脈可治陽蹻之疾。

後谿通督脈所以後谿可治督脈之疾。

列缺通任脈所以列缺可治任脈之疾。

公孫通衝脈所以公孫可治衝脈之疾。

足臨泣通帶脈所以足臨泣可治帶脈之疾。

內關通陰維所以內關可治陰維之疾。

外關通陽維所以外關可治陽維之疾。

腕骨：穴位在掌後腕豆骨前緣凹陷處，為小腸經之原穴。

【**劑量**】針八分。

【**主治**】配至陽主治黃膽病，手腕無力並痛，一切腸疾、耳鳴、心悸、腦神經衰弱。為黃疸病特效穴。

養老：穴位在尺骨高骨骨隙中，反手取穴（即以手肘屈，手掌對向顏面）為小腸經之郄穴。

【劑量】針三分。

【主治】一切目疾，尤對老花眼多淚症，目視不明有一定的療效。常按摩此穴改善目疾。

小海：穴位在手肘關節隆骨之骨隙中。

【劑量】針3分。

【主治】手臂內兼麻木，小指不用、口乾、舌赤、心悸。

肩貞：穴位在背後腋縫盡處直上一寸。

【劑量】針八分或灸。

【主法】頸項強、五十肩、手臂不舉、肩背痛、瘰癧。

臑俞：穴位在肩貞直上約一寸（當肩胛骨下緣凹陷處）。

【劑量】針八分或灸。

【主治】同肩貞，本穴針灸可以降低血壓，所以它是治療腦溢血、半身不遂的要穴。

天宗：穴位在肩胛骨中央高峰起之外側凹陷處。

【劑量】針八分或推壓。

【主治】肩背痛、心絞痛、胸痛連背、背痛徹

胸。

顴髎：穴位在顴骨下緣直對眼外眥。

【劑量】針3分，稍由下往上斜扎或按摩，推揉。

【主治】顏面神經麻痺、三叉神經痛，臉面蟲行。

聽宮：穴位在耳屏尖（耳際）前開口取穴。

【劑量】針六分，推按或按摩。

【主治】耳鳴、耳聾、中耳炎，一切耳疾（進出針時要開口）

氣貫小腸經方法：

①轉圈。

②將氣由尾骶往上通三關經由百會往臉部膽經往下擴散至手臂。

③由膻中穴藉由起式膨脹太極球體，將氣由膻中穴擴散至手臂。

足太陽膀胱經

足太陽膀胱經是全身最長，分支最多，穴位最多的一條經絡，對全身的影響最廣、也最大。

此經有67穴，左右共134穴，其穴如下：睛明、攢竹、眉衝、曲差、承光、通天、絡卻、玉枕、天柱、大杼、風門、肺俞、厥陰俞、心俞、督俞、膈俞、肝俞、膽俞、脾俞、胃俞、三焦俞、腎俞、氣海俞、大腸俞、關元俞、小腸俞、膀胱俞、中膂俞、白環俞、上髎、次髎、中髎、下髎、會陽、附分、魄戶、膏肓、神堂、譩譆、膈關、魂門、陽綱、胃倉、肓門、志室、胞肓、秩邊、承扶、殷門、浮郄、委陽、委中、合陽、承筋、承山、飛揚、跗陽、崑崙、僕參、申脈、金門、京骨、束骨、通谷、至陰。

此經起睛明終於至陰多血少氣，申時（下午3點至5點）氣血注此。

經絡循行路徑：

脈起目內眥，上額交巔上，其支者，從巔至耳

172

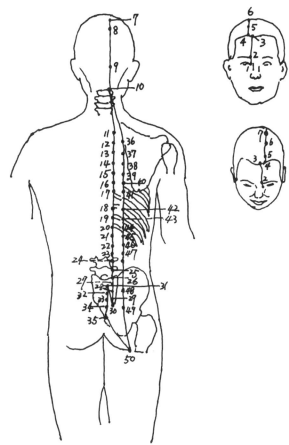

1.睛明2.攢竹3.眉衝4.曲差5.五處6.承光7.通天8.絡卻9.玉枕10.天柱11.大杼12.風門13.肺俞14.厥陰俞15.心俞16.督俞17.膈俞18.肝俞19.膽俞20.脾俞21.胃俞22.三焦俞23.腎俞24.氣海俞25.大腸俞26.關元俞27.小腸俞28.膀胱俞29.中膂俞30.白環俞31.上髎32.次髎33.中髎34.下髎35.會陽36.附分37.魄戶38.膏肓39.神堂40.譩譆41.膈關42.魂門43.陽綱44.胃倉45.肓門46.志室47.胞肓48.秩邊49.承扶50.殷門

足太陽膀胱經圖(1)

173

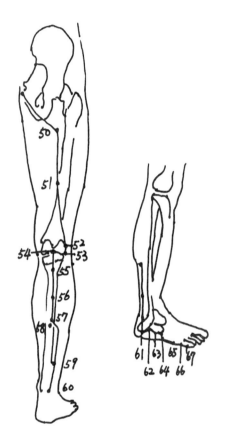

51.浮郄52.委陽53.委中54.合陽55.承筋56.承山57.飛揚58.跗陽59.崑崙60.僕參61.申脈62.金門63.京骨64.束骨65.通谷66.至陰。

足太陽膀胱經圖(2)

上角；其直行者，從巔入絡腦，本徑受之於小腸經，起於眼內角的睛明穴，上攢竹，過額部，循著眉衝、曲差、五處、承光、通天，再斜行交會於督脈之百會穴。其直行一支脈，由百會循通天，絡卻玉枕穴下行項後天柱，會於督脈之大椎，再沿肩膊內，左右分開成四路直下，循大杼、風門……腎俞，直達腰中。

自腰中腎俞穴各分出一支脈，挾脊柱往外側下行，循氣海俞，大腸俞……等俞穴至中膂俞、白環俞，入循臀，絡腎屬膀胱，其支別者從腰中下貫臀，入膕中，其支別者，從膊內左右，別下貫胛，挾脊內，過髀樞，循髀外後廉，下合膕中，以下貫腨內，出外踝之後，循京骨至小指外側端。

睛明：穴位在眼內眥紅肉中央之淚孔。

【**劑量**】針一分半，禁灸。

【**主治**】一切目疾、青光眼、結膜炎、目翳、視神經萎縮。

【**手法**】輕輕按摩或雙掌摩擦生熱輕按。

攢竹：穴位於眉頭之陷凹中，即睛明穴直上的眉尖。

【劑量】針3分，順著眉毛方向沿皮扎。

【主治】一切目疾，配頭維穴治目痛頭痛。

美容保健穴：印堂、頭維、絲竹空、瞳子髎（以上諸穴按摩）

足三里、關元、腎俞（以上諸穴灸之）三陰交（按壓）。

眉衝：穴位從攢竹直上入髮際五分。

【主治】治頭面諸疾。

【劑量】針三分沿皮扎。

曲差、五處、承光：主治顏面諸疾。

天柱：穴位從項中央，入髮際五分之啞門穴，（督脈）旁開一寸三分，於頭大筋外側取之。

【劑量】針五分。

【主治】頸項強痛，頭眩、偏頭痛、本穴常加按摩，可使腦部輕快，增加記憶。

大杼、風門、肺俞、厥陰、陰俞、附分、魄戶、膏肓：主治一切肺病，呼吸氣官諸疾。

心俞、督俞、膈俞、神堂、譩譆、膈俞：主治一切心臟病，冠狀動脈阻塞、心律不整，心瓣膜障礙

肝俞、膽俞、魂門、陽綱：主治一切肝膽病。

脾俞、胃俞、意舍、胃倉：主治一切消化器官疾病。

三焦俞、腎俞、氣海俞、肓門、志室：主治一切生殖系統，腦神經衰弱症。

從大腸俞至白環俞：主治坐骨神經痛。

腎俞：穴位在肚臍的正後方為命門穴，旁開1.5寸即為腎俞。

【主治】治療腰痛、腰酸之症，本穴灸比針更有效。

一切大病灸百壯。平常用雙手摩擦、按壓作為保健，或者轉圈將氣引至此穴。本穴配崑崙，治腰、連背痛、坐骨神經痛有效。

八髎：

①上髎：第18椎旁開0.5寸。

②次髎：第19椎旁開0.5寸。

③中髎：第20椎旁開0.5寸。

④下髎：第21椎旁開0.5寸。

【主治】坐骨神經痛，疲勞、腰酸背痛。

委中：穴位在膝後膝膕橫紋正中筋間凹陷處，直對後腳跟。

【主治】腰酸背痛，腰痛不能轉側，一般多用三稜針在膕中四周極細之靜脈上放血。為四總穴之一。

崑崙：穴位以大拇指腹按住外踝尖向後水平按，則指尖盡處。

【主治】坐骨神經痛，配委中治腰痛有效。

灸本穴可治下痢，配灸太谿、丘墟治足跟痛有卓效。

跗陽：穴位從崑崙直上3寸，正當大筋前。

【主治】坐骨神經痛。

僕參：穴位在崑崙穴直下正當跟骨下緣。

【主治】坐骨神經痛，足跟痛。

申脈：穴位以大拇指腹最高點，按住外踝尖垂直往下按則指尖盡處。

【主治】坐骨神經痛。

以上四穴，均在足踝外側，平時足跟不適，多按壓此四內可作保健之用。

氣貫膀胱經方法：

①足太陽膀胱經穴位大部份在背部，所以要通三關，收尾閭，將氣由湧泉整片往上至會陰然後經尾骶、夾脊、玉枕往前面玄關處至百會穴。

②由玄關處，膨脹開來通頭上諸穴。

③打拳架。

④轉圈。

⑤互參。

足少陰腎經

　　足太陰腎經，原穴為太谿穴，絡穴為足太陽膀胱經之飛陽穴。為陰氣初生經絡，與膀胱相表裡，主裡症虛症。

　　此經有27穴，左右共54穴，其穴名歌訣如下：

　　　　足少陰穴二十七，湧泉然谷太谿溢，

　　　　大鐘水泉通照海，復溜交信築賓實，

　　　　陰谷膝內跗骨後，以上從足走至膝，

　　　　橫骨大赫聯氣穴，四滿中注肓俞臍。

　　　　商曲石關陰都密，通谷幽門寸半辟，

　　　　折量腹上分十一，步廊神封膺靈墟。

　　　　神藏彧中俞府畢。

　　本經受之於太陽膀胱經，起於湧泉，終於俞府，多氣少血，酉時注處（下午5時至7時）。

　　循行路徑：

　　脈起小足小趾之下，斜趨足心湧泉，出然谷之下，循內踝之後，別入跟中，上腨內，出膕內廉，上

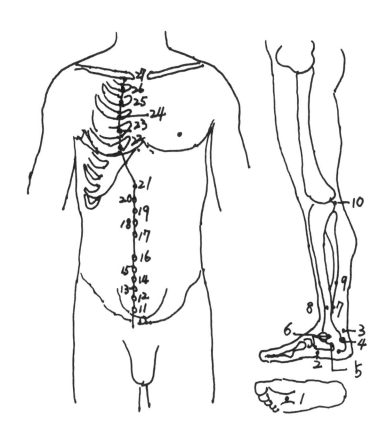

1.湧泉2.然谷3.太谿4.大鐘5.水泉6.照海7.復溜8.交信9.築賓10.陰谷11.橫骨12.大赫13.氣穴14.四滿15.中注16.肓俞17.商曲18.石關19.陰都20.通谷21.幽門22.步廊23.神封24.靈墟25.神藏26.彧中27.俞府。

足少陰腎經圖

股內後廉，貫脊屬腎，絡膀胱。其直行者，從腎上貫肝膈入肺中，循喉嚨挾舌本，而至任脈之廉泉穴。

另一支者，從神藏穴分出，聯絡心臟，貫注於胸中，由任脈膻中穴而交於手厥陰心包絡經。

腎者主蟄，封藏之本，精之處也，其華在髮，其充在骨，在五行裡屬水，北方黑色，開竅於耳，藏精於腎，腎生骨髓，在練氣中的氣入骨髓，皆指入腎，使我們骨質充滿，不易流失，腎經退化就會有耳朵聽覺遲鈍，骨質疏鬆，不能久立，頭髮枯竭無光澤，以及嚴重者，面黑如炭色，等等現象出現……。

腎於下焦，所以治下焦病，腎臟病，又屬水，治水病，全身或下焦水腫，主骨，治骨痿，與膀胱經互為表裏經，又治腰痛，坐骨神經痛等。

湧泉：穴位在足底從足第三尖至足跟連線之前1/3處，舉足凹陷處。

【主治】為回陽九針之一為急救之要穴，休克、昏迷、高血壓、足心痛、腳氣水腫、腎臟病、尿毒。此穴即是太極拳所說氣落湧泉的湧泉穴。

對於習武者是一重要的穴道，太極拳的勁道在此

由虛轉實，發出其勁。

　　太谿：穴位在內踝後五分，跟骨上、動脈陷中。另一法：以大拇指腹最高點，按住內踝尖往後水平按，則大拇指尖盡處，為腎經之原穴為回陽九針之一。與崑崙穴相對。

　　【主治】一切腎臟病，骨痿，攝護腺腫大、耳鳴、耳病、腳氣病。

　　照海：穴位於內踝下四分，以大拇指腹最高點，按住內踝尖，往下直按，則指尖盡處。為八脈交會穴之一通於陰蹻脈。

　　【主治】大便祕結（配支溝穴）、咽喉炎，腳氣水腫。

　　復溜：穴位在太谿直上2寸，相等於耳針之內分泌。

　　【主治】內分泌失調引起之水腫、月經不調、多汗症、為清熱解毒要穴，一切皮膚病諸瘡疔。

　　足內踝上下左右之穴道，按壓，按摩可減緩足跟腫痛，其穴位如下：太谿、水泉 、照海、商邱、中封、大鐘、復溜、築賓、交信。

氣貫腎經方法：

①拉湧泉氣至膝蓋，則湧泉至陰谷共九個穴道皆打通。

②將丹田擴散，則橫骨至幽門穴皆通。

③將膻中擴散，則步廊至腧府穴皆通。

④打拳架。

手厥陰心包絡經

此經有九穴，左右共18穴，其歌訣如下：

　　九穴心包手厥陰，天池天泉曲澤深，

　　郄門間使內關對，大陵勞宮中衝侵。

此經起於天池終於中衝。

循行路徑：

本經受之於足少陰腎脈，起胸中，出屬心包，下膈，歷絡三焦，其支者，循胸出脇，下腋3寸，上抵腋下，下循臑內，行太陰，少陰之間，入肘中，下臂，行兩筋之間，入掌中，循中指出其端，其支別者，從掌中循小指次指出其端，多血少氣，戌時氣血走到此處（晚上七時至九時）。

又一支脈從掌內勞宮分出沿無名指外側直達角尖與手少陽三焦經相接。

曲澤：穴位在手對橫紋中正當大筋內凹陷處，大筋處為尺澤穴（肺經）。

【主治】手肘關節痛，心悸、心痛。

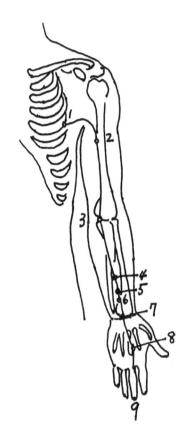

1.天池2.天泉3.曲澤深4.郄門5.間使6.內關7.大陵8.勞宮9.中衝

手厥陰心包絡經圖

【**手法**】用揉法。

大陵：穴位在手腕橫紋正中央之陷中。為13鬼穴，回陽九針之一。

【**主治**】為原穴，一切心臟病、失眠、心悸，配人中可治口臭，五指不握。

【**手法**】按壓法。

郄門：穴位在大陵穴直上5寸，即手腕橫紋正中央上5寸。

【**主治**】本穴是郄穴是急性病所需的特效穴。心絞之急救用穴（**配內關、大陵穴**）亦是治療心臟瓣膜障礙的特效穴。

【**手法**】按壓

間使：穴位在大陵穴上3寸。即手掌橫紋上3寸。

【**主治**】心臟病、心悸。

【**手法**】按摩或揉法。

內關：穴位在大陵穴直上2寸正當兩筋間。即手腕橫紋上2寸。

【**主治**】一切心臟病、失眠、心悸，一切胸腹痛，暈車按壓，可舒解。

【**手法**】按摩或輕按壓。

勞宮：穴位在手掌心（握拳中指、無名指、指尖所著之處）太極拳的勁由勞宮穴發生。

【**主治**】心絞痛，手心冒汗及癢症，中指不用。

【**手法**】按摩、按壓。

中衝：穴位在中指點正當指甲前一分，為12經井之一，為10宣之一，為13鬼穴之一。

【**主治**】休克、昏迷、心臟麻痺、暈車。

【**手法**】按壓或放血。

氣貫心包經之方法：

①由肩井穴用意將氣引至勞宮穴。

②由膻中穴將氣擴散。

③打拳架。

手少陽三焦經

此經有23穴，左右共46穴，其歌訣如下：

二十三穴手少陽，關衝液門中渚旁，

陽池外關支溝正，會宗三陽四瀆長，

天井清冷淵消濼，臑會肩髎天髎堂，

天牖翳風瘈脈青，顱息角孫絲竹空，

和髎耳門聽有常。

此經起於關衝、終於耳門，多氣少血，亥時（晚上九時至十一時）氣血至此。

循行路徑：

本經受之於手厥陰心包絡，脈起手小指次指之端，上出次指之間，循手表腕，出臂外兩骨之間，上貫肘，循臑外，上肩交出足少陽之後，入缺盆，布膻中，散絡心包，下膈，遍屬三焦，其支者從膻中上出缺盆，上項，俠耳後直上，出耳上角，以屈下頰至䪼，從耳後入耳中，至目銳眥。

三焦主一身之氣化：

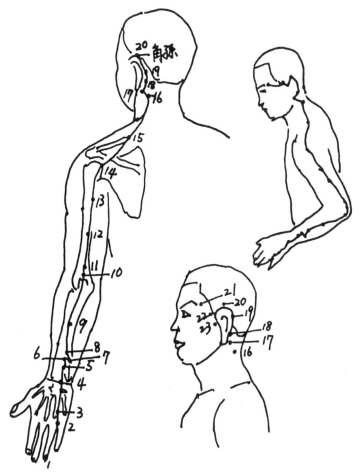

1.關衝2.液門3.中渚4.陽池5.外關6.支溝7.會宗8.三陽絡9.四瀆10.天井11.清冷淵12.消濼13.臑會14.肩髎15.天髎16.天牖17.翳風18.瘈脈19.顱息20.角孫21.絲竹空22.和23.耳門

手少陽三焦經圖

①上焦——主胸以上至頭之有疾也。

②中焦——主膈以下至臍之有疾也。

③下焦——主臍以下至足之有疾也。

內分泌失調，新陳代謝障礙。

關衝：穴位在無名指（第四指）指甲外側距指甲一分處。

【**主治**】為12經井穴之一放血治高熱不退，一切休克昏迷之急救。

【**手法**】用手按壓。

中渚：穴位在第四、五指本節後五分之凹陷處。

【**主治**】一切虛弱症，貧血性之眩暈，美尼你病，貧血性之眩暈，肩背痛，腰痛。

【**手法**】針5分，用手按壓轉動腰部，可舒緩腰痛。

陽池：穴位在手表腕上橫紋間，兩筋間直對中指外側。

【**主治**】為三焦經之原穴，頸項強，肩背痛，五指不能握，及手腕痛。

【**手法**】針六分可透大陵穴。

外關：穴位在陽池上2寸兩筋間，為三焦經之絡

穴，為八脈交會穴之一。

【主治】肩背痛，頸項強，手肘酸痛，目視不明，半身不遂。中指麻木。

【手法】針8分，可透內關。用按壓法。

翳風：穴位將耳垂尖往後翻貼則耳尖盡處。正當下頜曲頰後溝中。

【主治】耳聾、耳鳴，一切耳疾，失眠，具有安眠、鎮靜寧神之作用。

【手法】按摩法。

絲竹空：穴位在眉毛外開5分之眼框骨凹陷中。

【主治】一切眼疾、色盲、偏頭痛，眉稜角痛。

【手法】按揉法

氣貫三焦經方法：

①由督脈脊椎尾骶骨之長強穴通三關至玉枕進入玄關（兩眉心之間印堂上）擴散至臉部而後再下肩井擴散至手臂。

②轉圈或打拳架。

③由膻中穴藉由起式膨脹球體招式將氣由膻中穴擴散到手臂。

足少陽膽經

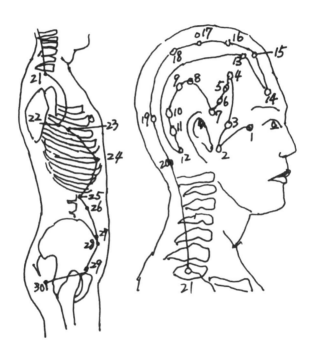

1.瞳子 2.聽會 3.上關 4.頷厭 5.懸顱 6.懸釐 7.曲鬢 8.率谷 9.天衝 10.浮白 11.頭竅陰 12.完骨 13.本神 14.陽白 15.頭臨泣 16.目窗 17.正營 18.承靈 19.腦空 20.風池 21.肩井 22.淵液 23.輒筋 24.日月 25.京門 26.帶脈 27.五樞 28.維道 29.居髎 30.環跳

足少陽膽經圖(1)

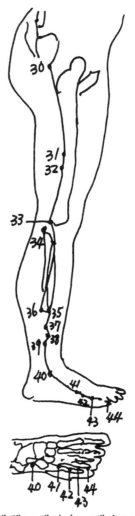

31.風市32.中瀆33.膝陽關34.陽陵泉35.陽交36.外邱37.光明38.陽輔
39.懸鐘40.丘墟41.足臨泣42.地五會43.俠谿44.足竅陰

足少陽膽經圖(2)

此經有44穴，左右共88穴，其歌訣如下：

少陽足經瞳子髎，四十四穴行迢迢，

聽會上關頜厭集，懸顱懸釐曲鬢翹，

率谷天衝浮白次，竅陰完骨本神邈，

陽白臨泣目窗闢，正營承靈腦空搖，

風池肩井淵液部，輒筋日月京明標，

帶脈五樞維道續，居髎環跳風市招，

中瀆陽關陽陵泉，陽交外邱光明宵，

陽輔懸鐘丘墟外，足臨泣地五俠谿，

第四趾端竅陰畢。

此經受之於手少陽三焦經起於眼外處角之瞳子髎，止於足竅陰，多氣少血，子時（夜間23時至清晨0時）氣血注此。諸腑皆位穢濁，獨膽無所傳道故曰清淨。

循行路徑：

脈起目銳眥，上抵頭角，下耳後，循頸、行手少陽之前至肩上，卻交出手少陽之後，入缺盆，其支者，從耳後入耳中，出走耳前，至目銳眥後，其支者別目銳眥，下大迎，合手少陽，抵頄下，加頰車、下

頸、合缺盆，下胸中，貫膈，絡肝屬膽，循脅裏，出氣衝，繞毛際……其支者，別跗上，入大指，循歧骨內，出其端，還貫入爪甲，出三毛。

瞳子髎（**太陽穴**）：穴位從眼外眥外開5分正當眼框骨外側緣凹陷處。

【**主治**】一切眼疾，正偏頭痛。

【**手法**】按摩。

風池：穴位在腦空之後部，髮際之陷凹處。在枕骨下風府旁開3寸之顳骨下緣之凹陷處。

【**主治**】本穴位三焦、膽、陽維、陽蹻四脈之會穴為治療頭風、中風的特效穴。

通玄賦：頭暈目眩覓風池。

勝玉歌：頭風頭痛灸風池。

【**手法**】按摩，輕壓。

肩井：穴位在肩上陷中，缺盆上1寸半，以三指按之食指靠頸旁則中指所按之處，摸之有凹之處。

【**主治**】頸項強，肩背痛，古來武術家皆用此穴點穴如重擊，可令人昏迷。本穴易暈針，如有暈針時，可刺足三里。

治乳癰，反胃灸肩井。

中風之前多有先兆，如發現，中指次指麻木速灸肩井曲池，可防止中風這是防止中風的保健穴。

【手法】按壓，捏法。

帶脈：穴位從肚臍（神厥穴）上兩分旁開7.5寸。

【主治】不孕症，赤白帶月經不調，一切婦科病。

帶脈、血海、三陰交、足三里灸之月經即來。

帶脈左右共6個穴道，帶脈，五樞、維道。

【手法】按摩法。

環跳：穴位在側臥伸下足，屈上足取之，抬其足，足跟到處是穴。併兩足而立，腰下部有凹陷處是穴。在大腿骨髀樞中。從大轉子到臀尖連線之前1/3處。

【主治】坐骨神經痛，腰酸背痛，膝不及伸、半身不遂。

環跳：本穴為治療髖關節炎的要穴。本穴配委中、崑崙治腰背酸痛。本穴配風池、間使、治冷風膝

痺腿疾。配陽陵泉，後祛風濕下肢麻痺。

風市：穴位在直立兩手下垂，中指所至之處。

【劑量】針八分或灸。

【主治】一切風症、中風半身不遂、全身性風濕病，腰酸背痛，腳氣，下肢之神經痛及麻痺。本穴配合陰市治腿腳無力。

【手法】按壓。

陽陵泉：穴位在膝下一寸尖骨前之陷凹處。在足腓骨小頭之前斜45度下方。

【主治】膝關節炎，膝關節痛或無力以及胃潰瘍，凡是由於運動神經發生障礙，屈伸不便，舒筋活絡，取本穴有卓效。

【手法】按摩，按壓，可透陰陵穴。

雜病穴法：脇痛只須陽陵泉，腳連腰痛難當，環跳、陽陵泉，動脈硬化可扎三穴：①陽陵泉②太衝③三陰交（可減少膽固醇）。

本穴配陰陵泉、足三里，治膝腫痛。本穴配環跳，治風濕冷痺。

為天星12穴。玉龍賦：陽陵泉陰陵治膝腫。

丘墟：穴位以大指指腹最高點，按住外踝尖往前水平按則指尖盡處，正當筋骨間。針五分。為膽經之原穴。

【主治】一切肝膽病，足踝扭傷，腳氣水腫，黃疸，高熱。

勝玉歌：踝跟骨痛灸崑崙，更有絕骨共丘墟。

玉龍歌：腳背疼起。

懸鐘：（一名絕骨）穴位從外踝尖直上3寸正脛、腓骨前緣之開岐處（腓骨後緣）。

【劑量】針六分可透三陰交。髓會絕骨（腦、脊髓）

【主治】中風、半身不遂、腦膜炎，由於「髓會絕骨，髓病治此」講髓皆原於腎，故為髓會。亦可治足關節扭傷。左肩痛刺右足。右肩痛刺左足。亦治落枕。

玉龍賦：絕骨、三里、陰交、治腳氣。

勝玉歌：踝跟骨痛灸崑崙，更有絕骨共丘墟。

【手法】按摩，按壓法。

光明：穴位在外踝尖上5寸正當腓骨前緣可針八

分。

【主治】一切目疾（結膜炎、角膜炎、色盲、近遠視）。

席弘賦：睛明治眼未效時，合谷光明不可缺。

足臨泣：穴位在足第四、五蹠之蹠骨開歧處。

【劑量】針五分。為八脈交會穴之一，靈龜八法之一，飛騰八法之一。

【主治】偏頭痛，頭眩、目眩、顏面神經麻痺，足心熱。

氣貫膽經方法：

①由督脈之長強穴收尾閭通三關至玉枕入玄關，上百會而擴散至臉部。

②下肩井往下沿肋骨、胯骨、大腿、脛骨、腓骨下足踝至腳底湧泉穴擴散至整片腳底。

③轉圈或打拳架。

足厥陰肝經

此經有13穴，左右共26穴（《醫宗金鑑》加急脈為14穴），其歌訣如下：

> 一十四穴足厥陰，大敦行間太衝侵，
>
> 中封蠡溝中都近，膝關曲泉陰包臨，
>
> 五里陰廉急脈穴，章門常對期門深。

丑時（凌時1時至3時）注此。

東方青色，入通於肝，開竅於目，藏精於肝，故病發驚駭，肝主筋—疝氣，肝主風—肝陽上亢，亦即西醫之高血壓，肝藏血。此經起於大敦終於期門，多血少氣，丑時氣血注此。

經穴走向：

脈起足大指聚毛之處，上循足跗上廉，去內踝一寸，上踝八寸，交出太陰之後，上膕內廉，循股，入陰中，環陰器，抵小腹，挾胃，屬肝，絡膽，上貫膈，布脅肋，循喉嚨之後，上入頏顙，連目系，上出額與督脈會於巔，其支者，從目系，下頰裏，環唇

201

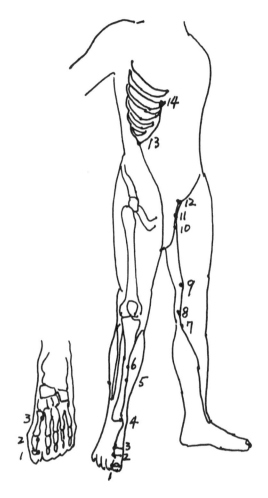

1.大敦、2.行間3.太衝4.中封5.蠡溝6.中都7.膝關8.曲泉9.陰包10.足五里11.陰廉12.急脈跳13.章門14.期門

足厥陰肝經圖

內，其支者復從肝別貫膈上注肺。

大敦：穴位在足大趾外側距指甲二分處。為12經井穴之一。

【主治】疝氣，脅肋脹滿或痛，為疝氣特效穴，一切休克昏迷之急救穴。

席弘賦：大便秘結大敦燒。小兒陰腫灸大敦七壯。婦人血崩不止，灸大敦。

【手法】按壓法。

行間：穴位在足大趾次趾交縫之橫紋後五分正當本節後。

【主治】急慢性肝炎特效穴，黃疸、頭暈目眩（半夏天麻白木湯）本穴配足三里治療膝腫。肋間神經痛刺本內可止痛。配湧泉治消濁腎竭。

【手法】按壓法。

太衝：穴位在行間後寸半，在足大趾、次趾之蹠骨開叉處，動脈應手處。為肝經之原穴為四關穴之一（太衝2、合谷2）。

【主治】一切肝病，一切筋病，目疾。配合谷治肩背痛，配中封治行步艱難。

【**手法**】用按摩、擠壓法。

期門：穴位從乳中下兩肋內開5，或巨闕旁開3.5寸。

【**主治**】婦人熱入血室，急慢性肝炎、膽囊炎，肋間神經痛。

婦人熱入血室。

①小柴捐湯主之。

②刺期門。

【**手法**】用按摩法。

氣貫肝經方法：

①打拳架。

②轉圈把意放在肩井，然後往下內觀湧泉，氣，會由肩井循脇下經期門，章門落腰跨、鼠蹊部，大腿內側下湧泉。

常用穴道

（一）保養強壯長壽穴：（9為倍數按壓平常保健按壓36下，如治病則按54下）

①可保元氣不衰，所以稱長壽穴：灸足三里（小兒忌灸）。

②可防止中風：曲池、肩井、足三里、三陰交、絕骨，灸其穴，並且常按摩百會、曲池、內關、外關、合谷、血海、太衝。

③養生保健、袪除黑斑：灸關元、足三里、腎俞、曲池、血海。

④清熱解毒，一切皮膚病：曲池。

⑤打呃不止：灸足三里。

⑥頭痛頭風：按壓風池。

⑦痔瘡：孔最。

⑧心臟疾病：平常多按壓勞宮、內關、中衝，刮砂膏肩穴。

（二）流行性感冒：

(1)**預防感冒**：灸足三里預防流行性感冒，平常亦可按摩肺經原穴、太淵、以及合谷穴，預防感冒保健。

(2)**喉嚨痛**：

　①少商、中商、老商放血，可減緩喉痛。

　②曲池（雙）、合谷（雙）。

　③足三里、合谷。

　④有痰、尺澤、孔最。

　⑤氣喘、魚際。

(3)**頭暈、頭痛**：風池、風府（督脈）按摩此二穴。

(4)**發熱不退**：大椎穴配合後谿、曲池、合谷。

(5)**小兒感冒發燒**：按摩上星、合谷、內關、風池、風府，塗萬金油。

（三）**運動系統疾病**（運動傷害及扭傷）：

(1)**足內踝扭傷**：針中封、商邱、太谿等穴或用手

指按壓三陰交，可減輕疼痛。

(2)**足外踝扭傷**：針丘墟、解谿、足臨泣、崑崙等穴。或用手法按壓再配合三陰交。

(3)**落枕頸項痛**：

　　①針落枕穴（在食指、中指，本節後骨交叉處），配合頸部左右轉動或肩井。

　　②針懸鐘穴或太谿穴。

(4)**腰扭傷**：腰椎穴（在手掌第四指及小指本節後骨交叉處），針或手指按壓，配合腰部扭動，以及委中穴放血。

(5)**肩胛肌肉痛或五十肩**：

　　①針肩井、肩髃、肩髎、臂臑。

　　②條口透承山用手法按壓。

(6)**肘關節**：針曲池、手三里、肘髎、少海，配以手法按壓。

(7)**手腕關節**：針外、內關、支溝、中渚、陽池、間使，或用手法按壓。

(8)**膝關節**：針陽凌泉、透陰凌泉。

(9)**手臂痛**：針肩井、曲池、或用手按壓。

⑽**腰酸痛**：委中配腎俞。

⑾**坐骨神經痛**：秩邊、環跳。

⑿**足心痛**：崑崙穴。

⒀**手臂冷痛**：針肩井、曲池、手三里，或用手按壓。

⒁**網球肘**：曲池

⒂**股膝內痛**：委中、足三里、三陰交。

⒃**腰痛不能久立、腿膝脛酸重**：跗陽、灸腎俞（腎虛）、命門（未滿20禁灸）。

（四）急救穴：

⑴**陣發性心動過速**：常按摩內關、三陰交、曲池、足三里、心俞、通里、膏肓、肩井。

⑵**心臟急救穴**：極泉穴（重捏）。

⑶**心臟衰竭**：

　　①刺內關、少商、人中、湧泉（雙）配合灸百會。

　　②合谷、人中、內關、神門、足三里。

⑷**溺水**：強刺湧泉穴，不醒加刺會陰、及內關、

人中穴。

(5)**休克、昏迷、小兒驚厥**：十宣放血（位於兩手十指尖端）。

(6)**中暑重症**：刺人中、十宣、12井穴，曲澤放血。

(7)**中暑輕症**：大椎、曲池、合谷、太衝、內關。耳針針神門、交感、心、腎上腺、耳尖放血。

（五）傳染性肝炎：

常用穴為大椎、肝俞、膽俞、陽陵泉、透陰陵泉、足三里、三陰交。

耳針：肝炎點、肝、三焦、交感、膽。

（六）高血壓：

(1)常按摩曲池、太衝、合谷、足三里、神門、翳風、三陰交、百會。

(2)**耳針**：皮質下、降壓溝、神門、交感、降壓點、高血壓點。

(3)灸足三里發灸瘡，以及按壓絕骨。

(4)針風池、百會、合谷、陽凌泉。

（七）暈車：

內關、合谷、翳風。

（八）抽筋：

承山、委中、太衝、三陰交。

（九）婦科病：

(1)**更年期**：常按摩太谿、太衝、神門、腎俞、湧泉、血海、三陰交、合谷穴。

(2)**痛經**：經來腹脹，常按摩關元、中極、氣海、三陰交。耳針：神門。

(3)**更年期耳針**：內分泌、神門、子宮、腎點。

(4)**血崩**：灸百會、大敦、隱白穴。

(5)**月經不調**：關元、三陰交、足三里、中極、血海。耳針：腎、內分泌、卵巢、子宮。

（十）減肥：耳針：

內分泌、神門、屏耳、糖尿病。

（十一）睡眠障礙：

常按摩神門、內關、三陰交、太衝、太谿、湧泉、翳風。

（十二）胃 痛：

常見胃痛有急、慢性，胃或十二指腸潰瘍等原因。針足三里、內關。備用穴：中脘、胃俞、三陰交、公孫。

耳針：胃區、皮質下，十二指腸。

（十三）胃下垂：

針足三里、氣海、關元。

（十四）糖尿病：

糖尿病中醫稱為消渴症，根據症狀又可分為上、

中、下三焦，故與肺、脾、腎三臟有關係及其表腑有關連，也就是肺、大腸表裡經、脾胃、肝、腎、取穴如下，並控制飲食，血糖……。

常用穴：肺俞、脾俞、腎俞、足三里、中脘、少商、魚際、丹田、太谿……。

耳針：內分祕、肺、渴點、腎。

多灸腎俞、關元、足三里。

（十五）男人陽痿不起：

灸腎俞、關元、氣海、足三里、三陰交。

耳針：外生殖器、睪丸、內分祕、神門。

（十六）眼疾：

(1)**眼睛酸澀**：按摩眼睛四周穴道，睛明、攢竹、承泣、瞳子髎、絲竹空、魚腰。

(2)**近視**：

①睛明、攢竹、合谷、足三里、承泣。

②風池、合谷。

(3)**視物不清、多淚、老花眼**：養老穴。

耳針：肝、眼、降壓溝。

(4)一切眼疾：常用穴道：睛明、攢竹、瞳子膠、太衝、合谷、足三里、三陰交、肝俞、腎俞、養老。耳針：肝、眼、目、降壓溝、神門、皮質下。

（十七）一切耳疾（耳鳴、耳聾、中聯…等）：

聽宮、聽會、翳風、啞門、養老、合谷、中渚、外關。灸腎俞、足三里。

耳針：外耳、內耳、神門、內分泌、腎、枕。

（十八）急慢性鼻炎：

合谷、迎香（不聞香臭）、禾膠、上星。**鼻塞、流鼻血**配合合谷。

耳針：外鼻、內鼻、神門、內分祕、腎上腺。

補　遺

手太陰肺經

痔瘡：扎孔最、承山、二白（大陵穴上4寸）、委中。

喘息：列缺配足三里。

偏頭痛：列缺配太淵。

頭項諸痛：列缺。

喘息、扁桃腺炎：尺澤。

咽痛：少商放血。

手陽明大腸經

咽喉腫痛：商陽放血。

口面諸疾：合谷。

鼻病：合谷配迎香。

胃疾：合谷配足三里。

皮膚疥癬搔癢：曲池灸或針。

預防中風：曲池配肩井。

中風半身不遂：曲池配支溝、環跳、絕骨、陽陵泉。

頭部諸疾，兩手不如意：曲池配合谷。

肘關節灸：曲池配手三里。

小便失禁：曲池配外關、合谷、足三里。

足陽明胃經：

口眼歪斜：地倉配頰車。

腸痛泄瀉：天樞配足三里（灸）。

足三里配中脘治急性胃腸灸。

足三里配脾俞：治胃潰瘍。

足三里配支溝：治便祕。

足三里配列缺：治喘息。

足三里配三陰交、絕骨：治寒濕腳氣。

足三里配陰陵泉：治小便不通。

足三里配肝俞：治肝家血少目昏花。

哮喘痰多：豐隆穴。

215

足太陰脾經：

月經不來，三陰交配血海（灸）孕婦忌針、灸。

三陰交主治男女生殖器之疾，尤其陰莖痛效果顯著。

血海：一切婦科血病主穴（月經不順）。

食竇：用灸治肝臟痛的主要穴。

脾氣將絕：灸食竇、關元。

手少陰心經

耳鳴：少海。

兩臂麻木：少海配手三里。

盜汗：陰郄，不效再配合合谷、勞宮。

神經衰弱、狹心症：神門。

心臟病：內關透外關，間使透支溝、合谷、足三里。

心臟休克昏迷：少衝放血再配合12井穴更佳。

手太陽小腸經

少澤：放血，治喉痛，乳腺炎為12井穴之一，是為急救穴。

後谿：高熱不退（配大椎、曲池、合谷）

後谿：頸項強、肩背痛、耳聾、耳鳴（配聽宮）

臑俞：針或灸降血壓。肩胛關節痛。

足太陽膀胱經

膝關節痛：委中配陽陵泉。

下肢麻痺：腎俞（灸）委中、承山。

精力增強：灸腎俞、關元、氣海。

各種慢性病：膏肓刮痧。

婦人難產灸至陰。

足少陰腎經

湧泉：足心痛、腳氣水腫、高血壓。

戒毒：復溜、築賓。

耳針：神門、交感、肺點、內分泌。

戒酒：復溜、築賓。

耳針：神門、交感、肺點。

便閉：照海配支溝。

太谿：一切腎臟病、足跟痛、足關節炎。

手厥陰心包絡經

郄門：心臟瓣膜障礙，狹心症。

心絞痛：郄門配內關，大陵。

大陵：心包經原穴主治一切心臟。配人中、足三里、治口臭。配外關、支溝治便閉。配內關、合谷治五指不能握或麻木。配外關治腕中疼痛。

內關：高血壓一切心臟病，為心臟休克、暈迷的急救穴。

中衝：放血加上十宣放血，可治中風不省人事，牙關緊閉。

勞宮：心臟無力、高血壓、休克。

手少陽三焦經

液門：喉痛配魚際。手臂紅腫連腕痛，與後谿、

三間並列之穴道。

中渚：腰痛、背痛。

陽池：腕關節風濕、糖尿病、手腕無力。

外關：中指麻木、目視不明。

天井：一切皮膚病，具有清熱解毒之功。

翳風：耳鳴、耳聾、目視不明，有安眠鎮靜心之作用。

和髎：砂眼、結膜炎。

足少陽膽經

聽會：耳聾腮腫。耳鳴。重聽。

風池：頭暈目眩、頭痛、頭風。

肩井：狐臭、乳癖、偏頭痛。

預防中風，發現中指麻木，速灸肩井、曲池。

配足三里、曲池、三陰交、天突治甲狀腺腫。

灸血海、三陰交、足三里三穴，月經即來。

環跳：坐骨神經痛。

環跳配委中、崑崙治腰背酸痛。

環跳配後谿、陽陵泉祛風濕下肢麻痺。

風市：腿膝無力。

風市配環跳、承山治坐骨神經痛。

風市配陽陵泉治全身酸痛。

陽陵泉：膝蓋酸痛配陰陵泉。

胃潰瘍：配關元、大腸俞、治尿閉。

陽陵泉配環跳治風濕、冷痺。

曲池治半身不遂。

光明：目疾。

丘墟：膽經原穴，主治一切肝膽病，足關節扭傷疼痛。

懸鐘（又名絕骨）：中風半身不遂，腳疾。髓會絕骨所以治腦及脊髓病。踝跟骨痛灸崑崙，更有絕骨共丘墟。

大敦：疝氣、小便不禁，大便秘結（用灸）。

太衝：肝經原穴，治一切肝病。心脹咽痛。

眼睛疲勞：晴明、陽白、承泣。

鼻病：迎香、禾髎、風池。

齒痛：合谷、下關、頰車。

肩膀酸痛：肩井、肩髃。

降血壓，預防中風：足三里、三陰交、合谷。

失眠：內關、神門、翳風、三陰交。

腸疾：天樞。

放血治療要穴

中風：委中。

咳嗽：曲澤。

頭痛手足冷：百會、頭維。

咽喉痛：少商、老商、中商。

靜脈瘤：委中。

足麻木：大敦。

羊癲癇：委中放血。

參考文獻

1.鄭曼青・鄭子太極拳自修新法——時中拳社出版。

2.蔡肇祺・我所認識的太極拳——中華民國意識科學研究會。

3.周先樂・生理學——國立編譯館出版。

4.針灸大成・明朝楊繼洲——古籍。

5.針灸心法・醫宗金鑑——清朝。
　　　　　　　吳謙等著——古籍。

6.黃帝內經——古籍。

7.類經——古籍。

8.萬病回春——古籍。

9.針灸甲乙經——古籍。

10.千金方——古籍。

11.天皇秘訣——古籍。

12.雜病歌——古籍。

13.席弘賦——古籍。

歡迎至本公司購買書籍

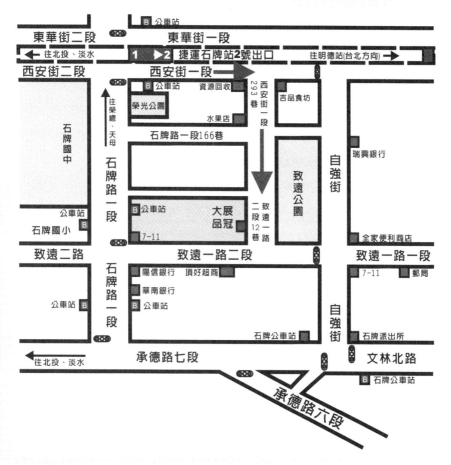

建議路線

1. 搭乘捷運·公車

　　淡水線石牌站下車，由石牌捷運站２號出口出站(出站後靠右邊)，沿著捷運高架往台北方向走(往明德站方向)，其街名為西安街，約走100公尺(勿超過紅綠燈)，由西安街一段293巷進來(巷口有一公車站牌，站名為自強街口)，本公司位於致遠公園對面。搭公車者請於石牌站(石牌派出所)下車，走進自強街，遇致遠路口左轉，右手邊第一條巷子即為本社位置。

2. 自行開車或騎車

　　由承德路接石牌路，看到陽信銀行右轉，此條即為致遠一路二段，在遇到自強街(紅綠燈)前的巷子(致遠公園)左轉，即可看到本公司招牌。

國家圖書館出版品預行編目資料

太極鼓盪勁 / 莊金聰 著
－初版－臺北市：大展，2017【民106.02】
面；21公分－（養生保健；58）
ISBN 978-986-346-147-0（平裝）
1. 太極拳
528.972   105023592

太極鼓盪勁

著　　者／莊　金　聰
責任編輯／孟　　甫
發 行 人／蔡　森　明
出 版 者／大展出版社有限公司
社　　址／台北市北投區（石牌）致遠一路2段12巷1號
電　　話／(02) 28236031・28236033・28233123
傳　　真／(02) 28272069
郵政劃撥／01669551
網　　址／www.dah-jaan.com.tw
E-mail／service@dah-jaan.com.tw
登 記 證／局版臺業字第2171號
承 印 者／傳興印刷有限公司
裝　　訂／佳昇興業有限公司
排 版 者／千兵企業有限公司
初版1刷／2017年（民106年）2月
初版2刷／2020年（民109年）1月　　　　　　　定價／250元

大展好書　好書大展
品嘗好書　冠群可期

大展好書　好書大展
品嘗好書　冠群可期